ROMENO
VOCABULÁRIO

PALAVRAS MAIS ÚTEIS

PORTUGUÊS ROMENO

Para alargar o seu léxico e apurar as suas competências linguísticas

5000 palavras

Vocabulário Português-Romeno - 5000 palavras

Por Andrey Taranov

Os vocabulários da T&P Books destinam-se a ajudar a aprender, a memorizar, e a rever palavras estrangeiras. O dicionário é dividido em temas, cobrindo todas as principais esferas de atividades quotidianas, negócios, ciência, cultura, etc.

O processo de aprendizagem, utilizando os dicionários baseados em temáticas da T&P Books dá-lhe as seguintes vantagens:

- Informação de origem corretamente agrupada predetermina o sucesso em fases subsequentes da memorização de palavras
- Disponibilização de palavras derivadas da mesma raiz, o que permite a memorização de unidades de texto (em vez de palavras separadas)
- Pequenas unidades de palavras facilitam o processo de estabelecimento de vínculos associativos necessários para a consolidação do vocabulário
- O nível de conhecimento da língua pode ser estimado pelo número de palavras aprendidas

Copyright © 2019 T&P Books Publishing

Todos os direitos reservados. Nenhuma parte desta publicação pode ser reproduzida, total ou parcialmente, por quaisquer métodos ou processos, sejam eles eletrónicos, mecânicos, de fotocópia ou outros, sem a autorização escrita do editor. Esta publicação não pode ser divulgada, copiada ou distribuída em nenhum formato.

T&P Books Publishing
www.tpbooks.com

ISBN: 978-1-78400-928-1

Este livro também está disponível em formato E-book.
Por favor visite www.tpbooks.com ou as principais livrarias on-line.

VOCABULÁRIO ROMENO
palavras mais úteis

Os vocabulários da T&P Books destinam-se a ajudar a aprender, a memorizar, e a rever palavras estrangeiras. O vocabulário contém mais de 5000 palavras de uso comum organizadas tematicamente.

O vocabulário contém as palavras mais comummente usadas
Recomendado como adicional para qualquer curso de línguas
Satisfaz as necessidades dos iniciados e dos alunos avançados de línguas estrangeiras
Conveniente para o uso diário, sessões de revisão e atividades de auto-teste
Permite avaliar o seu vocabulário

Características especias do vocabulário

- As palavras estão organizadas de acordo com o seu significado, e não por ordem alfabética
- As palavras são apresentadas em três colunas para facilitar os processos de revisão e auto-teste
- As palavras compostas são divididas em pequenos blocos para facilitar o processo de aprendizagem
- O vocabulário oferece uma transcrição simples e adequada de cada palavra estrangeira

O vocabulário contém 155 tópicos incluindo:

Conceitos básicos, Números, Cores, Meses, Estações do ano, Unidades de medida, Roupas & Acessórios, Alimentos & Nutrição, Restaurante, Membros da Família, Parentes, Caráter, Sentimentos, Emoções, Doenças, Cidade, Passeios, Compras, Dinheiro, Casa, Lar, Escritório, Trabalho no Escritório, Importação & Exportação, Marketing, Pesquisa de Emprego, Desportos, Educação, Computador, Internet, Ferramentas, Natureza, Países, Nacionalidades e muito mais ...

TABELA DE CONTEÚDOS

Guia de pronunciação	9
Abreviaturas	10

CONCEITOS BÁSICOS 11
Conceitos básicos. Parte 1 11

1. Pronomes 11
2. Cumprimentos. Saudações. Despedidas 11
3. Como se dirigir a alguém 12
4. Números cardinais. Parte 1 12
5. Números cardinais. Parte 2 13
6. Números ordinais 14
7. Números. Frações 14
8. Números. Operações básicas 14
9. Números. Diversos 14
10. Os verbos mais importantes. Parte 1 15
11. Os verbos mais importantes. Parte 2 16
12. Os verbos mais importantes. Parte 3 17
13. Os verbos mais importantes. Parte 4 18
14. Cores 18
15. Questões 19
16. Preposições 20
17. Palavras funcionais. Advérbios. Parte 1 20
18. Palavras funcionais. Advérbios. Parte 2 22

Conceitos básicos. Parte 2 24

19. Dias da semana 24
20. Horas. Dia e noite 24
21. Meses. Estações 25
22. Unidades de medida 27
23. Recipientes 28

O SER HUMANO 29
O ser humano. O corpo 29

24. Cabeça 29
25. Corpo humano 30

Vestuário & Acessórios 31

26. Roupa exterior. Casacos 31
27. Vestuário de homem & mulher 31

28. Vestuário. Roupa interior	32
29. Adereços de cabeça	32
30. Calçado	32
31. Acessórios pessoais	33
32. Vestuário. Diversos	33
33. Cuidados pessoais. Cosméticos	34
34. Relógios de pulso. Relógios	35

Alimentação. Nutrição — 36

35. Comida	36
36. Bebidas	37
37. Vegetais	38
38. Frutos. Nozes	39
39. Pão. Bolaria	40
40. Pratos cozinhados	40
41. Especiarias	41
42. Refeições	42
43. Por a mesa	42
44. Restaurante	43

Família, parentes e amigos — 44

45. Informação pessoal. Formulários	44
46. Membros da família. Parentes	44

Medicina — 46

47. Doenças	46
48. Sintomas. Tratamentos. Parte 1	47
49. Sintomas. Tratamentos. Parte 2	48
50. Sintomas. Tratamentos. Parte 3	49
51. Médicos	50
52. Medicina. Drogas. Acessórios	50

HABITAT HUMANO — 51
Cidade — 51

53. Cidade. Vida na cidade	51
54. Instituições urbanas	52
55. Sinais	53
56. Transportes urbanos	54
57. Turismo	55
58. Compras	56
59. Dinheiro	57
60. Correios. Serviço postal	58

Moradia. Casa. Lar — 59

61. Casa. Eletricidade	59

62. Moradia. Mansão	59
63. Apartamento	59
64. Mobiliário. Interior	60
65. Quarto de dormir	61
66. Cozinha	61
67. Casa de banho	62
68. Eletrodomésticos	63

ATIVIDADES HUMANAS	64
Emprego. Negócios. Parte 1	64
69. Escritório. O trabalho no escritório	64
70. Processos negociais. Parte 1	65
71. Processos negociais. Parte 2	66
72. Produção. Trabalhos	67
73. Contrato. Acordo	68
74. Importação & Exportação	69
75. Finanças	69
76. Marketing	70
77. Publicidade	70
78. Banca	71
79. Telefone. Conversação telefónica	72
80. Telefone móvel	72
81. Estacionário	73
82. Tipos de negócios	73

Emprego. Negócios. Parte 2	76
83. Espetáculo. Feira	76
84. Ciência. Investigação. Cientistas	77

Profissões e ocupações	78
85. Procura de emprego. Demissão	78
86. Gente de negócios	78
87. Profissões de serviços	79
88. Profissões militares e postos	80
89. Oficiais. Padres	81
90. Profissões agrícolas	81
91. Profissões artísticas	82
92. Várias profissões	82
93. Ocupações. Estatuto social	84

Educação	85
94. Escola	85
95. Colégio. Universidade	86
96. Ciências. Disciplinas	87
97. Sistema de escrita. Ortografia	87
98. Línguas estrangeiras	88

Descanso. Entretenimento. Viagens   90

99. Viagens   90
100. Hotel   90

EQUIPAMENTO TÉCNICO. TRANSPORTES   92
Equipamento técnico. Transportes   92

101. Computador   92
102. Internet. E-mail   93
103. Eletricidade   94
104. Ferramentas   94

Transportes   97

105. Avião   97
106. Comboio   98
107. Barco   99
108. Aeroporto   100

Eventos   102

109. Férias. Evento   102
110. Funerais. Enterro   103
111. Guerra. Soldados   103
112. Guerra. Ações militares. Parte 1   104
113. Guerra. Ações militares. Parte 2   106
114. Armas   107
115. Povos da antiguidade   109
116. Idade média   109
117. Líder. Chefe. Autoridades   111
118. Viloação da lei. Criminosos. Parte 1   112
119. Viloação da lei. Criminosos. Parte 2   113
120. Polícia. Lei. Parte 1   114
121. Polícia. Lei. Parte 2   115

NATUREZA   117
A Terra. Parte 1   117

122. Espaço sideral   117
123. A Terra   118
124. Pontos cardeais   119
125. Mar. Oceano   119
126. Nomes de Mares e Oceanos   120
127. Montanhas   121
128. Nomes de montanhas   122
129. Rios   122
130. Nomes de rios   123
131. Floresta   123
132. Recursos naturais   124

A Terra. Parte 2   126

133. Tempo   126
134. Tempo extremo. Catástrofes naturais   127

Fauna   128

135. Mamíferos. Predadores   128
136. Animais selvagens   128
137. Animais domésticos   129
138. Pássaros   130
139. Peixes. Animais marinhos   132
140. Amfíbios. Répteis   132
141. Insetos   133

Flora   134

142. Árvores   134
143. Arbustos   134
144. Frutos. Bagas   135
145. Flores. Plantas   135
146. Cereais, grãos   137

PAÍSES. NACIONALIDADES   138

147. Europa Ocidental   138
148. Europa Central e de Leste   138
149. Países da ex-URSS   139
150. Asia   139
151. América do Norte   140
152. América Central do Sul   140
153. Africa   141
154. Austrália. Oceania   141
155. Cidades   141

GUIA DE PRONUNCIAÇÃO

Alfabeto fonético T&P	Exemplo Romeno	Exemplo Português
[a]	arbust [ar'bust]	chamar
[e]	a merge [a 'merdʒe]	metal
[ə]	brăţară [brə'tsarə]	O xevá, som vocálico neutro
[i]	impozit [im'pozit]	sinónimo
[ɨ]	cuvânt [ku'vɨnt]	sinónimo
[o]	avocat [avo'kat]	lobo
[u]	fluture ['fluture]	bonita
[b]	bancă ['bankə]	barril
[d]	durabil [du'rabil]	dentista
[dʒ]	gemeni ['dʒemenʲ]	adjetivo
[f]	frizer [fri'zer]	safári
[g]	gladiolă [gladi'olə]	gosto
[ʒ]	jucător [ʒukə'tor]	talvez
[h]	pahar [pa'har]	[h] aspirada
[k]	actor [ak'tor]	kiwi
[l]	clopot ['klopot]	libra
[m]	mobilă ['mobilə]	magnólia
[n]	nuntă ['nuntə]	natureza
[p]	profet [pro'fet]	presente
[r]	roată [ro'atə]	riscar
[s]	salată [sa'latə]	sanita
[ʃ]	cleştişor [kleʃti'ʃor]	mês
[t]	statuie [sta'tue]	tulipa
[ts]	forţă ['fortsə]	tsé-tsé
[tʃ]	optzeci [opt'zetʃi]	Tchau!
[v]	valiză [va'lizə]	fava
[z]	zmeură ['zmeurə]	sésamo
[j]	foios [fo'jos]	géiser
[ʲ]	zori [zorʲ]	sinal de palatalização

ABREVIATURAS
usadas no vocabulário

Abreviaturas do Português

adj	- adjetivo
adv	- advérbio
anim.	- animado
conj.	- conjunção
desp.	- desporto
etc.	- etecetra
ex.	- por exemplo
f	- nome feminino
f pl	- feminino plural
fem.	- feminino
inanim.	- inanimado
m	- nome masculino
m pl	- masculino plural
m, f	- masculino, feminino
masc.	- masculino
mat.	- matemática
mil.	- militar
pl	- plural
prep.	- preposição
pron.	- pronome
sb.	- sobre
sing.	- singular
v aux	- verbo auxiliar
vi	- verbo intransitivo
vi, vt	- verbo intransitivo, transitivo
vr	- verbo reflexivo
vt	- verbo transitivo

Abreviaturas do Romeno

f	- nome feminino
f pl	- feminino plural
m	- nome masculino
m pl	- masculino plural
n	- neutro
n pl	- neutro plural
pl	- plural

CONCEITOS BÁSICOS

Conceitos básicos. Parte 1

1. Pronomes

eu	eu	[eu]
tu	tu	[tu]
ele	el	[el]
ela	ea	[ʲa]
nós	noi	[noj]
vocês	voi	['voj]
eles	ei	['ej]
elas	ele	['ele]

2. Cumprimentos. Saudações. Despedidas

Olá!	Bună ziua!	['bunə 'ziwa]
Bom dia! (formal)	Bună ziua!	['bunə 'ziwa]
Bom dia! (de manhã)	Bună dimineața!	['bunə dimi'nʲatsa]
Boa tarde!	Bună ziua!	['bunə 'ziwa]
Boa noite!	Bună seara!	['bunə 'sʲara]
cumprimentar (vt)	a se saluta	[a se salu'ta]
Olá!	Salut!	[sa'lut]
saudação (f)	salut (n)	[sa'lut]
saudar (vt)	a saluta	[a salu'ta]
Como vai?	Ce mai faci?	[ʧie maj 'fatʃi]
O que há de novo?	Ce mai e nou?	[ʧe maj e 'nou]
Até à vista!	La revedere!	[la reve'dere]
Até breve!	Pe curând!	[pe ku'rind]
Adeus! (sing.)	Rămâi cu bine!	[rə'mij ku 'bine]
Adeus! (pl)	Rămâneți cu bine!	[rəmi'nets ku 'bine]
despedir-se (vr)	a-și lua rămas bun	[aʃ lu'a rə'mas bun]
Até logo!	Pa!	[pa]
Obrigado! -a!	Mulțumesc!	[multsu'mesk]
Muito obrigado! -a!	Mulțumesc mult!	[multsu'mesk mult]
De nada	Cu plăcere	[ku plə'ʧere]
Não tem de quê	Pentru puțin	['pentru pu'tsin]
De nada	Pentru puțin	['pentru pu'tsin]
Desculpa!	Scuză-mă!	['skuzəmə]
Desculpe!	Scuzați-mă!	[sku'zatsimə]

desculpar (vt)	a scuza	[a sku'za]
desculpar-se (vr)	a cere scuze	[a 'tʃere 'skuze]
As minhas desculpas	Cer scuze	[tʃer 'skuze]
Desculpe!	Lertaţi-mă!	[er'tatsimə]
perdoar (vt)	a ierta	[a er'ta]
por favor	vă rog	[və rog]
Não se esqueça!	Nu uitaţi!	[nu uj'tatsʲ]
Certamente! Claro!	Desigur!	[de'sigur]
Claro que não!	Desigur ca nu!	[de'sigur kə nu]
Está bem! De acordo!	Sunt de acord!	[sunt de a'kord]
Basta!	Ajunge!	[a'ʒundʒe]

3. Como se dirigir a alguém

senhor	Domnule	['domnule]
senhora	Doamnă	[do'amnə]
rapariga	Domnişoară	[domniʃo'arə]
rapaz	Tinere	['tinere]
menino	Băiatule	[bə'jatule]
menina	Fetiţo	[fe'titso]

4. Números cardinais. Parte 1

zero	zero	['zero]
um	unu	['unu]
dois	doi	[doj]
três	trei	[trej]
quatro	patru	['patru]
cinco	cinci	[tʃintʃ]
seis	şase	['ʃase]
sete	şapte	['ʃapte]
oito	opt	[opt]
nove	nouă	['nowə]
dez	zece	['zetʃe]
onze	unsprezece	['unsprezetʃe]
doze	doisprezece	['dojsprezetʃe]
treze	treisprezece	['trejsprezetʃe]
catorze	paisprezece	['pajsprezetʃe]
quinze	cincisprezece	['tʃintʃsprezetʃe]
dezasseis	şaisprezece	['ʃajsprezetʃe]
dezassete	şaptesprezece	['ʃaptesprezetʃe]
dezoito	optsprezece	['optsprezetʃe]
dezanove	nouăsprezece	['nowəsprezetʃe]
vinte	douăzeci	[dowə'zetʃi]
vinte e um	douăzeci şi unu	[dowə'zetʃi ʃi 'unu]
vinte e dois	douăzeci şi doi	[dowə'zetʃi ʃi doj]
vinte e três	douăzeci şi trei	[dowə'zetʃi ʃi trej]

trinta	treizeci	[trej'zetʃi]
trinta e um	treizeci şi unu	[trej'zetʃi ʃi 'unu]
trinta e dois	treizeci şi doi	[trej'zetʃi ʃi doj]
trinta e três	treizeci şi trei	[trej'zetʃi ʃi trej]
quarenta	patruzeci	[patru'zetʃi]
quarenta e um	patruzeci şi unu	[patru'zetʃi ʃi 'unu]
quarenta e dois	patruzeci şi doi	[patru'zetʃi ʃi doj]
quarenta e três	patruzeci şi trei	[patru'zetʃi ʃi trej]
cinquenta	cincizeci	[tʃintʃ'zetʃ]
cinquenta e um	cincizeci şi unu	[tʃintʃ'zetʃ ʃi 'unu]
cinquenta e dois	cincizeci şi doi	[tʃintʃ'zetʃ ʃi doj]
cinquenta e três	cincizeci şi trei	[tʃintʃ'zetʃ ʃi trej]
sessenta	şaizeci	[ʃaj'zetʃi]
sessenta e um	şaizeci şi unu	[ʃaj'zetʃi ʃi 'unu]
sessenta e dois	şaizeci şi doi	[ʃaj'zetʃi ʃi doj]
sessenta e três	şaizeci şi trei	[ʃaj'zetʃi ʃi trej]
setenta	şaptezeci	[ʃapte'zetʃi]
setenta e um	şaptezeci şi unu	[ʃapte'zetʃi ʃi 'unu]
setenta e dois	şaptezeci şi doi	[ʃapte'zetʃi ʃi doj]
setenta e três	şaptezeci şi trei	[ʃapte'zetʃi ʃi trej]
oitenta	optzeci	[opt'zetʃi]
oitenta e um	optzeci şi unu	[opt'zetʃi ʃi 'unu]
oitenta e dois	optzeci şi doi	[opt'zetʃi ʃi doj]
oitenta e três	optzeci şi trei	[opt'zetʃi ʃi trej]
noventa	nouăzeci	[nowə'zetʃi]
noventa e um	nouăzeci şi unu	[nowə'zetʃi ʃi 'unu]
noventa e dois	nouăzeci şi doi	[nowə'zetʃi ʃi doj]
noventa e três	nouăzeci şi trei	[nowə'zetʃi ʃi trej]

5. Números cardinais. Parte 2

cem	o sută	[o 'sutə]
duzentos	două sute	['dowə 'sute]
trezentos	trei sute	[trej 'sute]
quatrocentos	patru sute	['patru 'sute]
quinhentos	cinci sute	[tʃintʃ 'sute]
seiscentos	şase sute	['ʃase 'sute]
setecentos	şapte sute	['ʃapte 'sute]
oitocentos	opt sute	[opt 'sute]
novecentos	nouă sute	['nowə 'sute]
mil	o mie	[o 'mie]
dois mil	două mii	['dowə mij]
De quem são ...?	trei mii	[trej mij]
dez mil	zece mii	['zetʃe mij]
cem mil	o sută de mii	[o 'sutə de mij]
um milhão	milion (n)	[mi'ljon]
mil milhões	miliard (n)	[mi'ljard]

6. Números ordinais

primeiro	primul	['primul]
segundo	al doilea	[al 'dojlʲa]
terceiro	al treilea	[al 'trejlʲa]
quarto	al patrulea	[al 'patrulʲa]
quinto	al cincilea	[al 'tʃintʃilʲa]
sexto	al şaselea	[al 'ʃaselʲa]
sétimo	al şaptelea	[al 'ʃaptelʲa]
oitavo	al optulea	[al 'optulʲa]
nono	al nouălea	[al 'nowəlʲa]
décimo	al zecelea	[al 'zetʃelʲa]

7. Números. Frações

fração (f)	fracţie (f)	['fraktsie]
um meio	o doime	[o 'doime]
um terço	o treime	[o 'treime]
um quarto	o pătrime	[o pə'trime]
um oitavo	o optime	[o op'time]
um décimo	o zecime	[o ze'tʃime]
dois terços	două treimi	['dowə 'treimʲ]
três quartos	trei pătrimi	[trej pə'trimʲ]

8. Números. Operações básicas

subtração (f)	scădere (f)	[skə'dere]
subtrair (vi, vt)	a scădea	[a skə'dʲa]
divisão (f)	împărţire (f)	[impər'tsire]
dividir (vt)	a împărţi	[a impər'tsi]
adição (f)	adunare (f)	[adu'nare]
somar (vt)	a aduna	[a adu'na]
adicionar (vt)	a adăuga	[a adəu'ga]
multiplicação (f)	înmulţire (f)	[inmul'tsire]
multiplicar (vt)	a înmulţi	[a inmul'tsi]

9. Números. Diversos

algarismo, dígito (m)	cifră (f)	['tʃifrə]
número (m)	număr (n)	['numər]
numeral (m)	numeral (n)	[nume'ral]
menos (m)	minus (n)	['minus]
mais (m)	plus (n)	[plus]
fórmula (f)	formulă (f)	[for'mulə]
cálculo (m)	calcul (n)	['kalkul]
contar (vt)	a calcula	[a kalku'la]

calcular (vt)	a socoti	[a soko'ti]
comparar (vt)	a compara	[a kompa'ra]
Quanto?	Cât?	[kɨt]
Quantos? -as?	Câți? Câte?	[kɨts], ['kite]
soma (f)	sumă (f)	['sumə]
resultado (m)	rezultat (n)	[rezul'tat]
resto (m)	rest (n)	[rest]
alguns, algumas ...	câțiva, câteva	[kits'va], [kite'va]
um pouco de ...	puțin	[pu'tsin]
resto (m)	rest (n)	[rest]
um e meio	unu și jumătate	['unu ʃi ʒumə'tate]
dúzia (f)	duzină (f)	[du'zinə]
ao meio	în două	[in 'dowə]
em partes iguais	în părți egale	[in pərtsʲ e'gale]
metade (f)	jumătate (f)	[ʒumə'tate]
vez (f)	dată (f)	['datə]

10. Os verbos mais importantes. Parte 1

abrir (vt)	a deschide	[a des'kide]
acabar, terminar (vt)	a termina	[a termi'na]
aconselhar (vt)	a sfătui	[a sfətu'i]
adivinhar (vt)	a ghici	[a gi'tʃi]
advertir (vt)	a avertiza	[a averti'za]
ajudar (vt)	a ajuta	[a aʒu'ta]
almoçar (vi)	a lua prânzul	[a lu'a 'prɨnzul]
alugar (~ um apartamento)	a închiria	[a inkiri'ja]
amar (vt)	a iubi	[a ju'bi]
ameaçar (vt)	a amenința	[a amenin'tsa]
anotar (escrever)	a nota	[a no'ta]
apressar-se (vr)	a se grăbi	[a se grə'bi]
arrepender-se (vr)	a regreta	[a regre'ta]
assinar (vt)	a semna	[a sem'na]
atirar, disparar (vi)	a trage	[a 'tradʒe]
brincar (vi)	a glumi	[a glu'mi]
brincar, jogar (crianças)	a juca	[a ʒu'ka]
buscar (vt)	a căuta	[a kəu'ta]
caçar (vi)	a vâna	[a vɨ'na]
cair (vi)	a cădea	[a kə'dʲa]
cavar (vt)	a săpa	[a sə'pa]
cessar (vt)	a înceta	[a antʃe'ta]
chamar (~ por socorro)	a chema	[a ke'ma]
chegar (vi)	a sosi	[a so'si]
chorar (vi)	a plânge	[a 'plɨndʒe]
começar (vt)	a începe	[a in'tʃepe]
comparar (vt)	a compara	[a kompa'ra]

compreender (vt)	a înțelege	[a intse'ledʒe]
concordar (vi)	a fi de acord	[a fi de a'kord]
confiar (vt)	a avea încredere	[a a'vʲa in'kredere]

confundir (equivocar-se)	a încurca	[a inkur'ka]
conhecer (vt)	a cunoaște	[a kuno'aʃte]
contar (fazer contas)	a calcula	[a kalku'la]
contar com (esperar)	a conta pe ...	[a kon'ta pe]
continuar (vt)	a continua	[a kontinu'a]

controlar (vt)	a controla	[a kontro'la]
convidar (vt)	a invita	[a invi'ta]
correr (vi)	a alerga	[a aler'ga]
criar (vt)	a crea	[a 'krʲa]
custar (vt)	a costa	[a kos'ta]

11. Os verbos mais importantes. Parte 2

dar (vt)	a da	[a da]
dar uma dica	a face aluzie	[a 'fatʃe a'luzie]
decorar (enfeitar)	a împodobi	[a impodo'bi]
defender (vt)	a apăra	[a apə'ra]
deixar cair (vt)	a scăpa	[a skə'pa]

descer (para baixo)	a coborî	[a kobo'ri]
desculpar-se (vr)	a cere scuze	[a 'tʃere 'skuze]
dirigir (~ uma empresa)	a conduce	[a kon'dutʃe]
discutir (notícias, etc.)	a discuta	[a disku'ta]
dizer (vt)	a spune	[a 'spune]

duvidar (vt)	a se îndoi	[a se indo'i]
encontrar (achar)	a găsi	[a gə'si]
enganar (vt)	a minți	[a min'tsi]
entrar (na sala, etc.)	a intra	[a in'tra]
enviar (uma carta)	a trimite	[a tri'mite]

errar (equivocar-se)	a greși	[a gre'ʃi]
escolher (vt)	a alege	[a a'ledʒe]
esconder (vt)	a ascunde	[a as'kunde]
escrever (vt)	a scrie	[a 'skrie]
esperar (o autocarro, etc.)	a aștepta	[a aʃtep'ta]

esperar (ter esperança)	a spera	[a spe'ra]
esquecer (vt)	a uita	[a uj'ta]
estudar (vt)	a studia	[a studi'a]
exigir (vt)	a cere	[a 'tʃere]
existir (vi)	a exista	[a ekzis'ta]

explicar (vt)	a explica	[a ekspli'ka]
falar (vi)	a vorbi	[a vor'bi]
faltar (clases, etc.)	a lipsi	[a lip'si]
fazer (vt)	a face	[a 'fatʃe]
ficar em silêncio	a tăcea	[a tə'tʃa]
gabar-se, jactar-se (vr)	a se lăuda	[a se ləu'da]

gostar (apreciar)	a plăcea	[a pləˈtʃa]
gritar (vi)	a striga	[a striˈga]
guardar (cartas, etc.)	a păstra	[a pəsˈtra]
informar (vt)	a informa	[a inforˈma]
insistir (vi)	a insista	[a insisˈta]
insultar (vt)	a jigni	[a ʒigˈni]
interessar-se (vr)	a se interesa	[a se intereˈsa]
ir (a pé)	a merge	[a ˈmerdʒe]
ir nadar	a se scălda	[a se skəlˈda]
jantar (vi)	a cina	[a tʃiˈna]

12. Os verbos mais importantes. Parte 3

ler (vt)	a citi	[a tʃiˈti]
libertar (cidade, etc.)	a elibera	[a elibeˈra]
matar (vt)	a omorî	[a omoˈri]
mencionar (vt)	a menţiona	[a mentsioˈna]
mostrar (vt)	a arăta	[a arəˈta]
mudar (modificar)	a schimba	[a skimˈba]
nadar (vi)	a înota	[a inoˈta]
negar-se a ...	a refuza	[a refuˈza]
objetar (vt)	a contrazice	[a kontraˈzitʃe]
observar (vt)	a observa	[a obserˈva]
ordenar (mil.)	a ordona	[a ordoˈna]
ouvir (vt)	a auzi	[a auˈzi]
pagar (vt)	a plăti	[a pləˈti]
parar (vi)	a se opri	[a se oˈpri]
participar (vi)	a participa	[a partitʃiˈpa]
pedir (comida)	a comanda	[a komanˈda]
pedir (um favor, etc.)	a cere	[a ˈtʃere]
pegar (tomar)	a lua	[a luˈa]
pensar (vt)	a se gândi	[a se ginˈdi]
perceber (ver)	a observa	[a obserˈva]
perdoar (vt)	a ierta	[a erˈta]
perguntar (vt)	a întreba	[a intreˈba]
permitir (vt)	a permite	[a perˈmite]
pertencer a ...	a aparţine	[a aparˈtsine]
planear (vt)	a planifica	[a planifiˈka]
poder (vi)	a putea	[a puˈtʲa]
possuir (vt)	a poseda	[a poseˈda]
preferir (vt)	a prefera	[a prefeˈra]
preparar (vt)	a găti	[a gəˈti]
prever (vt)	a prevedea	[a preveˈdʲa]
prometer (vt)	a promite	[a proˈmite]
pronunciar (vt)	a pronunţa	[a pronunˈtsa]
propor (vt)	a propune	[a proˈpune]
punir (castigar)	a pedepsi	[a pedepˈsi]

13. Os verbos mais importantes. Parte 4

quebrar (vt)	a rupe	[a 'rupe]
queixar-se (vr)	a se plânge	[a se 'plindʒe]
querer (desejar)	a vrea	[a vrʲa]
recomendar (vt)	a recomanda	[a rekoman'da]
repetir (dizer outra vez)	a repeta	[a repe'ta]
repreender (vt)	a certa	[a tʃer'ta]
reservar (~ um quarto)	a rezerva	[a rezer'va]
responder (vt)	a răspunde	[a rəs'punde]
rezar, orar (vi)	a se ruga	[a se ru'ga]
rir (vi)	a râde	[a 'ride]
roubar (vt)	a fura	[a fu'ra]
saber (vt)	a şti	[a ʃti]
sair (~ de casa)	a ieşi	[a e'ʃi]
salvar (vt)	a salva	[a sal'va]
seguir ...	a urma	[a ur'ma]
sentar-se (vr)	a se aşeza	[a se aʃe'za]
ser necessário	a fi necesar	[a fi netʃe'sar]
ser, estar	a fi	[a fi]
significar (vt)	a însemna	[a însem'na]
sorrir (vi)	a zâmbi	[a zim'bi]
subestimar (vt)	a subaprecia	[a subapretʃi'a]
surpreender-se (vr)	a se mira	[a se mi'ra]
tentar (vt)	a încerca	[a intʃer'ka]
ter (vt)	a avea	[a a'vʲa]
ter fome	a fi foame	[a fi fo'ame]
ter medo	a se teme	[a se 'teme]
ter sede	a fi sete	[a fi 'sete]
tocar (com as mãos)	a atinge	[a a'tindʒe]
tomar o pequeno-almoço	a lua micul dejun	[a lu'a 'mikul de'ʒun]
trabalhar (vi)	a lucra	[a lu'kra]
traduzir (vt)	a traduce	[a tra'dutʃe]
unir (vt)	a uni	[a u'ni]
vender (vt)	a vinde	[a 'vinde]
ver (vt)	a vedea	[a ve'dʲa]
virar (ex. ~ à direita)	a întoarce	[a into'artʃe]

14. Cores

cor (f)	culoare (f)	[kulo'are]
matiz (m)	nuanţă (f)	[nu'antsə]
tom (m)	ton (m)	[ton]
arco-íris (m)	curcubeu (n)	[kurku'beu]
branco	alb	[alb]
preto	negru	['negru]

cinzento	sur	['sur]
verde	verde	['verde]
amarelo	galben	['galben]
vermelho	roşu	['roʃu]
azul	albastru închis	[al'bastru i'nkis]
azul claro	albastru deschis	[al'bastru des'kis]
rosa	roz	['roz]
laranja	portocaliu	[portoka'lju]
violeta	violet	[vio'let]
castanho	cafeniu	[kafe'nju]
dourado	de culoarea aurului	[de kulo'arʲa 'auruluj]
prateado	argintiu	[ardʒin'tju]
bege	bej	[beʒ]
creme	crem	[krem]
turquesa	turcoaz	[turko'az]
vermelho cereja	vişiniu	[viʃi'nju]
lilás	lila	[li'la]
carmesim	de culoarea zmeurei	[de kulo'arʲa 'zmeurej]
claro	de culoare deschisă	[de kulo'are des'kisə]
escuro	de culoare închisă	[de kulo'are i'nkisə]
vivo	aprins	[a'prins]
de cor	colorat	[kolo'rat]
a cores	color	[ko'lor]
preto e branco	alb-negru	[alb 'negru]
unicolor	monocrom	[mono'krom]
multicor	multicolor	[multiko'lor]

15. Questões

Quem?	Cine?	['tʃine]
Que?	Ce?	[tʃe]
Onde?	Unde?	['unde]
Para onde?	Unde?	['unde]
De onde?	De unde?	[de 'unde]
Quando?	Când?	[kind]
Para quê?	Pentru ce?	['pentru tʃe]
Porquê?	De ce?	[de tʃe]
Para quê?	Pentru ce?	['pentru tʃe]
Como?	Cum?	[kum]
Qual?	Care?	['kare]
Qual? (entre dois ou mais)	Care?	['kare]
A quem?	Cui?	[kuj]
Sobre quem?	Despre cine?	['despre 'tʃine]
Do quê?	Despre ce?	['despre tʃe]
Com quem?	Cu cine?	[ku 'tʃine]
Quantos? -as?	Cât? Câtă?	[kit], ['kitə]
Quanto?	Câţi? Câte?	[kits], ['kite]

De quem? (masc.)	Al cui?	['al kuj]
De quem é? (fem.)	A cui?	[a kuj]
De quem são? (pl)	Ai cui?, Ale cui?	[aj kuj], ['ale kuj]

16. Preposições

com (prep.)	cu	[ku]
sem (prep.)	fără	[fərə]
a, para (exprime lugar)	la	[la]
sobre (ex. falar ~)	despre	['despre]
antes de ...	înainte de	[ɨna'inte de]
diante de ...	înaintea	[ɨna'intʲa]
sob (debaixo de)	sub	[sub]
sobre (em cima de)	deasupra	[dʲa'supra]
sobre (~ a mesa)	pe	[pe]
de (vir ~ Lisboa)	din	[din]
de (feito ~ pedra)	din	[din]
dentro de (~ dez minutos)	peste	['peste]
por cima de ...	prin	[prin]

17. Palavras funcionais. Advérbios. Parte 1

Onde?	Unde?	['unde]
aqui	aici	[a'itʃi]
lá, ali	acolo	[a'kolo]
em algum lugar	undeva	[unde'va]
em lugar nenhum	nicăieri	[nikə'erʲ]
ao pé de ...	lângă ...	['lɨngə]
ao pé da janela	lângă fereastră	['lɨngə fe'rʲastrə]
Para onde?	Unde?	['unde]
para cá	aici	[a'itʃi]
para lá	acolo	[a'kolo]
daqui	de aici	[de a'itʃi]
de lá, dali	de acolo	[de a'kolo]
perto	aproape	[apro'ape]
longe	departe	[de'parte]
perto de ...	alături	[a'ləturʲ]
ao lado de	alături	[a'ləturʲ]
perto, não fica longe	aproape	[apro'ape]
esquerdo	stâng	[stɨng]
à esquerda	din stânga	[din 'stɨnga]
para esquerda	în stânga	[ɨn 'stɨnga]
direito	drept	[drept]
à direita	din dreapta	[din 'drʲapta]

para direita	în dreapta	[in 'dr'apta]
à frente	în față	[in 'fatsə]
da frente	din față	[din 'fatsə]
em frente (para a frente)	înainte	[ina'inte]
atrás de ...	în urmă	[in 'urmə]
por detrás (vir ~)	din spate	[din 'spate]
para trás	înapoi	[ina'poj]
meio (m), metade (f)	mijloc (n)	['miʒlok]
no meio	la mijloc	[la 'miʒlok]
de lado	dintr-o parte	['dintro 'parte]
em todo lugar	peste tot	['peste tot]
ao redor (olhar ~)	în jur	[in ʒur]
de dentro	dinăuntru	[dinə'untru]
para algum lugar	undeva	[unde'va]
diretamente	direct	[di'rekt]
de volta	înapoi	[ina'poj]
de algum lugar	de undeva	[de unde'va]
de um lugar	de undeva	[de unde'va]
em primeiro lugar	în primul rând	[in 'primul rind]
em segundo lugar	în al doilea rând	[in al 'dojl'a rind]
em terceiro lugar	în al treilea rând	[in al 'trejl'a rind]
de repente	deodată	[deo'datə]
no início	la început	[la intʃe'put]
pela primeira vez	prima dată	['prima 'datə]
muito antes de ...	cu mult timp înainte de ...	[ku mult timp ina'inte de]
de novo, novamente	din nou	[din 'nou]
para sempre	pentru totdeauna	['pentru totd'a'una]
nunca	niciodată	[nitʃio'datə]
de novo	iarăși	['jarəʃ]
agora	acum	[a'kum]
frequentemente	des	[des]
então	atunci	[a'tuntʃi]
urgentemente	urgent	[ur'dʒent]
usualmente	de obicei	[de obi'tʃej]
a propósito, ...	apropo	[apro'po]
é possível	posibil	[po'sibil]
provavelmente	probabil	[pro'babil]
talvez	poate	[po'ate]
além disso, ...	în afară de aceasta, ...	[in a'farə de a'tʃasta]
por isso ...	de aceea	[de a'tʃeja]
apesar de ...	deși ...	[de'ʃi]
graças a ...	datorită ...	[dato'ritə]
que (pron.)	ce	[tʃe]
que (conj.)	că	[kə]
algo	ceva	[tʃe'va]
alguma coisa	ceva	[tʃe'va]

nada	nimic	[ni'mik]
quem	cine	['tʃine]
alguém (~ teve uma ideia ...)	cineva	[tʃine'va]
alguém	cineva	[tʃine'va]
ninguém	nimeni	['nimenʲ]
para lugar nenhum	nicăieri	[nikə'erʲ]
de ninguém	al nimănui	[al nimə'nuj]
de alguém	al cuiva	[al kuj'va]
tão	aşa	[a'ʃa]
também (gostaria ~ de ...)	de asemenea	[de a'semenʲa]
também (~ eu)	la fel	[la fel]

18. Palavras funcionais. Advérbios. Parte 2

Porquê?	De ce?	[de tʃe]
por alguma razão	nu se ştie de ce	[nu se 'ʃtie de tʃe]
porque ...	pentru că ...	['pentru kə]
por qualquer razão	cine ştie pentru ce	['tʃine 'ʃtie 'pentru tʃe]
e (tu ~ eu)	şi	[ʃi]
ou (ser ~ não ser)	sau	['sau]
mas (porém)	dar	[dar]
para (~ a minha mãe)	pentru	['pentru]
demasiado, muito	prea	[prʲa]
só, somente	numai	['numaj]
exatamente	exact	[e'gzakt]
cerca de (~ 10 kg)	vreo	['vrəo]
aproximadamente	aproximativ	[aproksima'tiv]
aproximado	aproximativ	[aproksima'tiv]
quase	aproape	[apro'ape]
resto (m)	restul	['restul]
cada	fiecare	[fie'kare]
qualquer	oricare	[ori'kare]
muito	mult	[mult]
muitas pessoas	mulţi	[mults]
todos	toţi	[tots]
em troca de ...	în schimb la ...	[in 'skimb la]
em troca	în schimbul	[in 'skimbul]
à mão	manual	[manu'al]
pouco provável	puţin probabil	[pu'tsin pro'babil]
provavelmente	probabil	[pro'babil]
de propósito	intenţionat	[intentsio'nat]
por acidente	întâmplător	[intimplə'tor]
muito	foarte	[fo'arte]
por exemplo	de exemplu	[de e'gzemplu]
entre	între	['intre]

entre (no meio de)	**printre**	['printre]
tanto	**atât**	[a'tit]
especialmente	**mai ales**	[maj a'les]

Conceitos básicos. Parte 2

19. Dias da semana

segunda-feira (f)	luni (f)	[lunʲ]
terça-feira (f)	marţi (f)	['martsʲ]
quarta-feira (f)	miercuri (f)	['merkurʲ]
quinta-feira (f)	joi (f)	[ʒoj]
sexta-feira (f)	vineri (f)	['vinerʲ]
sábado (m)	sâmbătă (f)	['simbətə]
domingo (m)	duminică (f)	[du'minikə]
hoje	astăzi	['astəzʲ]
amanhã	mâine	['mijne]
depois de amanhã	poimâine	[poj'mine]
ontem	ieri	[jerʲ]
anteontem	alaltăieri	[a'laltəerʲ]
dia (m)	zi (f)	[zi]
dia (m) de trabalho	zi (f) de lucru	[zi de 'lukru]
feriado (m)	zi (f) de sărbătoare	[zi de sərbəto'are]
dia (m) de folga	zi (f) liberă	[zi 'liberə]
fim (m) de semana	zile (f pl) de odihnă	['zile de o'dihnə]
o dia todo	toată ziua	[to'atə 'ziwa]
no dia seguinte	a doua zi	['dowa zi]
há dois dias	cu două zile în urmă	[ku 'dowə 'zile in 'urmə]
na véspera	în ajun	[in a'ʒun]
diário	zilnic	['zilnik]
todos os dias	în fiecare zi	[in fie'kare zi]
semana (f)	săptămână (f)	[səptə'minə]
na semana passada	săptămâna trecută	[səptə'mina tre'kutə]
na próxima semana	săptămâna viitoare	[səptə'mina viito'are]
semanal	săptămânal	[səptəmi'nal]
cada semana	în fiecare săptămână	[in fie'kare səptə'minə]
duas vezes por semana	de două ori pe săptămână	[de 'dowə orʲ pe səptə'minə]
cada terça-feira	în fiecare marţi	[in fie'kare 'martsʲ]

20. Horas. Dia e noite

manhã (f)	dimineaţă (f)	[dimi'nʲatsə]
de manhã	dimineaţa	[dimi'nʲatsa]
meio-dia (m)	amiază (f)	[a'mjazə]
à tarde	după masă	['dupə 'masə]
noite (f)	seară (f)	['sʲarə]
à noite (noitinha)	seara	['sʲara]

noite (f)	noapte (f)	[no'apte]
à noite	noaptea	[no'apt'a]
meia-noite (f)	miezul (n) nopții	['mezul 'noptsij]
segundo (m)	secundă (f)	[se'kundə]
minuto (m)	minut (n)	[mi'nut]
hora (f)	oră (f)	['orə]
meia hora (f)	jumătate de oră	[ʒumə'tate de 'orə]
quarto (m) de hora	un sfert de oră	[un sfert de 'orə]
quinze minutos	cincisprezece minute	['tʃintʃsprezetʃe mi'nute]
vinte e quatro horas	o zi (f)	[o zi]
nascer (n) do sol	răsărit (n)	[rəsə'rit]
amanhecer (m)	zori (m pl)	[zorʲ]
madrugada (f)	zori (m pl) de zi	[zorʲ de zi]
pôr do sol (m)	apus (n)	[a'pus]
de madrugada	dimineața devreme	[dimi'nʲatsa de'vreme]
hoje de manhã	azi dimineață	[azʲ dimi'nʲatsə]
amanhã de manhã	mâine dimineață	['mijne dimi'nʲatsə]
hoje à tarde	această după-amiază	[a'tʃastə 'dupa ami'azə]
à tarde	după masă	['dupə 'masə]
amanhã à tarde	mâine după-masă	['mijne 'dupə 'masə]
hoje à noite	astă-seară	['astə 'sʲarə]
amanhã à noite	mâine seară	['mijne 'sʲarə]
às três horas em ponto	la ora trei fix	[la 'ora trej fiks]
por volta das quatro	în jur de ora patru	[in ʒur de 'ora 'patru]
às doze	pe la ora douăsprezece	[pe la 'ora 'dowəsprezetʃe]
dentro de vinte minutos	peste douăzeci de minute	['peste dowə'zetʃi de mi'nute]
dentro duma hora	peste o oră	['peste o 'orə]
a tempo	la timp	[la timp]
menos um quarto	fără un sfert	['fərə un sfert]
durante uma hora	în decurs de o oră	[in de'kurs de o 'orə]
a cada quinze minutos	la fiecare cincisprezece minute	[la fie'kare 'tʃintʃsprezetʃe mi'nute]
as vinte e quatro horas	zi și noapte	[zi ʃi no'apte]

21. Meses. Estações

janeiro (m)	ianuarie (m)	[janu'arie]
fevereiro (m)	februarie (m)	[febru'arie]
março (m)	martie (m)	['martie]
abril (m)	aprilie (m)	[a'prilie]
maio (m)	mai (m)	[maj]
junho (m)	iunie (m)	['junie]
julho (m)	iulie (m)	['julie]
agosto (m)	august (m)	['august]
setembro (m)	septembrie (m)	[sep'tembrie]

outubro (m)	octombrie (m)	[ok'tombrie]
novembro (m)	noiembrie (m)	[no'embrie]
dezembro (m)	decembrie (m)	[de'tʃembrie]
primavera (f)	primăvară (f)	[primə'varə]
na primavera	primăvara	[primə'vara]
primaveril	de primăvară	[de primə'varə]
verão (m)	vară (f)	['varə]
no verão	vara	['vara]
de verão	de vară	[de 'varə]
outono (m)	toamnă (f)	[to'amnə]
no outono	toamna	[to'amna]
outonal	de toamnă	[de to'amnə]
inverno (m)	iarnă (f)	['jarnə]
no inverno	iarna	['jarna]
de inverno	de iarnă	[de 'jarnə]
mês (m)	lună (f)	['lunə]
este mês	în luna curentă	[in 'luna ku'rentə]
no próximo mês	în luna următoare	[in 'luna urməto'are]
no mês passado	în luna trecută	[in 'luna tre'kutə]
há um mês	o lună în urmă	[o 'lunə in 'urmə]
dentro de um mês	peste o lună	['peste o 'lunə]
dentro de dois meses	peste două luni	['peste 'dowə lunʲ]
todo o mês	luna întreagă	['luna in'trʲagə]
um mês inteiro	o lună întreagă	[o 'lunə in'trʲagə]
mensal	lunar	[lu'nar]
mensalmente	în fiecare lună	[in fie'kare 'lunə]
cada mês	fiecare lună	[fie'kare 'lunə]
duas vezes por mês	de două ori pe lună	[de 'dowə orʲ pe 'lunə]
ano (m)	an (m)	[an]
este ano	anul acesta	['anul a'tʃesta]
no próximo ano	anul viitor	['anul vii'tor]
no ano passado	anul trecut	['anul tre'kut]
há um ano	acum un an	[a'kum un an]
dentro dum ano	peste un an	['peste un an]
dentro de 2 anos	peste doi ani	['peste doj anʲ]
todo o ano	tot anul	[tot 'anul]
um ano inteiro	un an întreg	[un an in'treg]
cada ano	în fiecare an	[in fie'kare an]
anual	anual	[anu'al]
anualmente	în fiecare an	[in fie'kare an]
quatro vezes por ano	de patru ori pe an	[de 'patru orʲ pe an]
data (~ de hoje)	dată (f)	['datə]
data (ex. ~ de nascimento)	dată (f)	['datə]
calendário (m)	calendar (n)	[kalen'dar]
meio ano	jumătate (f) de an	[ʒumə'tate de an]

seis meses	jumătate (f) de an	[ʒumə'tate de an]
estação (f)	sezon (n)	[se'zon]
século (m)	veac (n)	[vʲak]

22. Unidades de medida

peso (m)	greutate (f)	[greu'tate]
comprimento (m)	lungime (f)	[lun'dʒime]
largura (f)	lăţime (f)	[lə'tsime]
altura (f)	înălţime (f)	[inəl'tsime]
profundidade (f)	adâncime (f)	[adin'tʃime]
volume (m)	volum (n)	[vo'lum]
área (f)	suprafaţă (f)	[supra'fatsə]

grama (m)	gram (n)	[gram]
miligrama (m)	miligram (n)	[mili'gram]
quilograma (m)	kilogram (n)	[kilo'gram]
tonelada (f)	tonă (f)	['tonə]
libra (453,6 gramas)	funt (m)	[funt]
onça (f)	uncie (f)	['untʃie]

metro (m)	metru (m)	['metru]
milímetro (m)	milimetru (m)	[mili'metru]
centímetro (m)	centimetru (m)	[tʃenti'metru]
quilómetro (m)	kilometru (m)	[kilo'metru]
milha (f)	milă (f)	['milə]

polegada (f)	ţol (m)	[tsol]
pé (304,74 mm)	picior (m)	[pi'tʃior]
jarda (914,383 mm)	yard (m)	[jard]

metro (m) quadrado	metru (m) pătrat	['metru pə'trat]
hectare (m)	hectar (n)	[hek'tar]

litro (m)	litru (m)	['litru]
grau (m)	grad (n)	[grad]
volt (m)	volt (m)	[volt]
ampere (m)	amper (m)	[am'per]
cavalo-vapor (m)	cal-putere (m)	[kal pu'tere]

quantidade (f)	cantitate (f)	[kanti'tate]
um pouco de ...	puţin ...	[pu'tsin]
metade (f)	jumătate (f)	[ʒumə'tate]
dúzia (f)	duzină (f)	[du'zinə]
peça (f)	bucată (f)	[bu'katə]

dimensão (f)	dimensiune (f)	[dimensi'une]
escala (f)	proporţie (f)	[pro'portsie]

mínimo	minim	['minim]
menor, mais pequeno	cel mai mic	[tʃel maj mik]
médio	de, din mijloc	[de, din 'miʒlok]
máximo	maxim	['maksim]
maior, mais grande	cel mai mare	[tʃel maj 'mare]

23. Recipientes

boião (m) de vidro	borcan (n)	[bor'kan]
lata (~ de cerveja)	cutie (f)	[ku'tie]
balde (m)	găleată (f)	[gəˈlʲatə]
barril (m)	butoi (n)	[bu'toj]
bacia (~ de plástico)	lighean (n)	[liˈgʲan]
tanque (m)	rezervor (n)	[rezer'vor]
cantil (m) de bolso	damigeană (f)	[damiˈdʒanə]
bidão (m) de gasolina	canistră (f)	[ka'nistrə]
cisterna (f)	cisternă (f)	[tʃisˈternə]
caneca (f)	cană (f)	['kanə]
chávena (f)	ceaşcă (f)	['tʃaʃkə]
pires (m)	farfurioară (f)	[farfurio'arə]
copo (m)	pahar (n)	[pa'har]
taça (f) de vinho	cupă (f)	['kupə]
panela, caçarola (f)	cratiţă (f)	['kratitsə]
garrafa (f)	sticlă (f)	['stiklə]
gargalo (m)	gâtul (n) sticlei	['gɨtul 'stiklej]
jarro, garrafa (f)	garafă (f)	[ga'rafə]
jarro (m) de barro	ulcior (n)	[ulˈtʃior]
recipiente (m)	vas (n)	[vas]
pote (m)	oală (f)	[o'alə]
vaso (m)	vază (f)	['vazə]
frasco (~ de perfume)	flacon (n)	[fla'kon]
frasquinho (ex. ~ de iodo)	sticluţă (f)	[stiˈklutsə]
tubo (~ de pasta dentífrica)	tub (n)	[tub]
saca (ex. ~ de açúcar)	sac (m)	[sak]
saco (~ de plástico)	pachet (n)	[pa'ket]
maço (m)	pachet (n)	[pa'ket]
caixa (~ de sapatos, etc.)	cutie (f)	[ku'tie]
caixa (~ de madeira)	ladă (f)	['ladə]
cesta (f)	coş (n)	[koʃ]

O SER HUMANO

O ser humano. O corpo

24. Cabeça

cabeça (f)	cap (n)	[kap]
cara (f)	față (f)	['fatsə]
nariz (m)	nas (n)	[nas]
boca (f)	gură (f)	['gurə]
olho (m)	ochi (m)	[okʲ]
olhos (m pl)	ochi (m pl)	[okʲ]
pupila (f)	pupilă (f)	[pu'pilə]
sobrancelha (f)	sprânceană (f)	[sprin'tʃanə]
pestana (f)	geană (f)	['dʒanə]
pálpebra (f)	pleoapă (f)	[pleo'apə]
língua (f)	limbă (f)	['limbə]
dente (m)	dinte (m)	['dinte]
lábios (m pl)	buze (f pl)	['buze]
maçãs (f pl) do rosto	pomeți (m pl)	[po'metsʲ]
gengiva (f)	gingie (f)	[dʒin'dʒie]
palato (m)	palat (n)	[pa'lat]
narinas (f pl)	nări (f pl)	[nərʲ]
queixo (m)	bărbie (f)	[bər'bie]
mandíbula (f)	maxilar (n)	[maksi'lar]
bochecha (f)	obraz (m)	[o'braz]
testa (f)	frunte (f)	['frunte]
têmpora (f)	tâmplă (f)	['timplə]
orelha (f)	ureche (f)	[u'reke]
nuca (f)	ceafă (f)	['tʃafə]
pescoço (m)	gât (n)	[git]
garganta (f)	gât (n)	[git]
cabelos (m pl)	păr (m)	[pər]
penteado (m)	coafură (f)	[koa'furə]
corte (m) de cabelo	tunsoare (f)	[tunso'are]
peruca (f)	perucă (f)	[pe'rukə]
bigode (m)	mustăți (f pl)	[mus'tətsʲ]
barba (f)	barbă (f)	['barbə]
usar, ter (~ barba, etc.)	a purta	[a pur'ta]
trança (f)	cosiță (f)	[ko'sitsə]
suíças (f pl)	favoriți (m pl)	[favo'ritsʲ]
ruivo	roșcat	[roʃ'kat]
grisalho	cărunt	[kə'runt]

calvo	chel	[kel]
calva (f)	chelie (f)	[ke'lie]
rabo-de-cavalo (m)	coadă (f)	[ko'adə]
franja (f)	breton (n)	[bre'ton]

25. Corpo humano

mão (f)	mână (f)	['minə]
braço (m)	braț (n)	[brats]
dedo (m)	deget (n)	['dedʒet]
polegar (m)	degetul (n) mare	['dedʒetul 'mare]
dedo (m) mindinho	degetul (n) mic	['dedʒetul mik]
unha (f)	unghie (f)	['ungie]
punho (m)	pumn (m)	[pumn]
palma (f) da mão	palmă (f)	['palmə]
pulso (m)	încheietura (f) mâinii	[inkeje'tura 'minij]
antebraço (m)	antebraț (n)	[ante'brats]
cotovelo (m)	cot (n)	[kot]
ombro (m)	umăr (m)	['umər]
perna (f)	picior (n)	[pi'tʃior]
pé (m)	talpă (f)	['talpə]
joelho (m)	genunchi (n)	[dʒe'nunkʲ]
barriga (f) da perna	pulpă (f)	['pulpə]
anca (f)	coapsă (f)	[ko'apsə]
calcanhar (m)	călcâi (n)	[kəl'kij]
corpo (m)	corp (n)	[korp]
barriga (f)	burtă (f)	['burtə]
peito (m)	piept (n)	[pjept]
seio (m)	sân (m)	[sin]
lado (m)	coastă (f)	[ko'astə]
costas (f pl)	spate (n)	['spate]
região (f) lombar	regiune (f) lombară	[redʒi'une lom'barə]
cintura (f)	talie (f)	['talie]
umbigo (m)	buric (n)	[bu'rik]
nádegas (f pl)	fese (f pl)	['fese]
traseiro (m)	șezut (n)	[ʃə'zut]
sinal (m)	aluniță (f)	[alu'nitsə]
sinal (m) de nascença	semn (n) din naștere	[semn din 'naʃtere]
tatuagem (f)	tatuaj (n)	[tatu'aʒ]
cicatriz (f)	cicatrice (f)	[tʃika'tritʃe]

Vestuário & Acessórios

26. Roupa exterior. Casacos

roupa (f)	îmbrăcăminte (f)	[imbrəkə'minte]
roupa (f) exterior	haină (f)	['hajnə]
roupa (f) de inverno	îmbrăcăminte (f) de iarnă	[imbrəkə'minte de 'jarnə]
sobretudo (m)	palton (n)	[pal'ton]
casaco (m) de peles	şubă (f)	['ʃubə]
casaco curto (m) de peles	scurtă (f) îmblănită	['skurtə imblə'nitə]
casaco (m) acolchoado	scurtă (f) de puf	['skurtə de 'puf]
casaco, blusão (m)	scurtă (f)	['skurtə]
impermeável (m)	trenci (f)	[trentʃi]
impermeável	impermeabil (n)	[imperme'abil]

27. Vestuário de homem & mulher

camisa (f)	cămaşă (f)	[kə'maʃə]
calças (f pl)	pantaloni (m pl)	[panta'lonʲ]
calças (f pl) de ganga	blugi (m pl)	['bludʒʲ]
casaco (m) de fato	sacou (n)	[sa'kou]
fato (m)	costum (n)	[kos'tum]
vestido (ex. ~ vermelho)	rochie (f)	['rokie]
saia (f)	fustă (f)	['fustə]
blusa (f)	bluză (f)	['bluzə]
casaco (m) de malha	jachetă (f) tricotată	[ʒa'ketə triko'tatə]
casaco, blazer (m)	jachetă (f)	[ʒa'ketə]
T-shirt, camiseta (f)	tricou (n)	[tri'kou]
calções (Bermudas, etc.)	şorturi (n pl)	['ʃorturʲ]
fato (m) de treino	costum (n) sportiv	[kos'tum spor'tiv]
roupão (m) de banho	halat (n)	[ha'lat]
pijama (m)	pijama (f)	[piʒa'ma]
suéter (m)	sveter (n)	['sveter]
pulôver (m)	pulover (n)	[pu'lover]
colete (m)	vestă (f)	['vestə]
fraque (m)	frac (n)	[frak]
smoking (m)	smoching (n)	['smoking]
uniforme (m)	uniformă (f)	[uni'formə]
roupa (f) de trabalho	haină (f) de lucru	['hajnə de 'lukru]
fato-macaco (m)	salopetă (f)	[salo'petə]
bata (~ branca, etc.)	halat (n)	[ha'lat]

28. Vestuário. Roupa interior

roupa (f) interior	lenjerie (f) de corp	[lenʒe'rie de 'korp]
camisola (f) interior	maiou (n)	[ma'jou]
peúgas (f pl)	şosete (f pl)	[ʃo'sete]
camisa (f) de noite	cămaşă (f) de noapte	[kə'maʃə de no'apte]
sutiã (m)	sutien (n)	[su'tjen]
meias longas (f pl)	ciorapi (m pl)	[tʃio'rapʲ]
meia-calça (f)	ciorapi pantalon (m pl)	[tʃio'rapʲ panta'lon]
meias (f pl)	ciorapi (m pl)	[tʃio'rapʲ]
fato (m) de banho	costum (n) de baie	[kos'tum de 'bae]

29. Adereços de cabeça

chapéu (m)	căciulă (f)	[kə'tʃiulə]
chapéu (m) de feltro	pălărie (f)	[pələ'rie]
boné (m) de beisebol	şapcă (f)	['ʃapkə]
boné (m)	chipiu (n)	[ki'pju]
boina (f)	beretă (f)	[be'retə]
capuz (m)	glugă (f)	['glugə]
panamá (m)	panama (f)	[pana'ma]
gorro (m) de malha	căciulă (f) împletită	[kə'tʃiulə imple'titə]
lenço (m)	basma (f)	[bas'ma]
chapéu (m) de mulher	pălărie (f) de damă	[pələ'rie de 'damə]
capacete (m) de proteção	cască (f)	['kaskə]
bibico (m)	bonetă (f)	[bo'netə]
capacete (m)	coif (n)	[kojf]
chapéu-coco (m)	pălărie (f)	[pələ'rie]
chapéu (m) alto	joben (n)	[ʒo'ben]

30. Calçado

calçado (m)	încălţăminte (f)	[inkəltsə'minte]
botinas (f pl)	ghete (f pl)	['gete]
sapatos (de salto alto, etc.)	pantofi (m pl)	[pan'tofʲ]
botas (f pl)	cizme (f pl)	['tʃizme]
pantufas (f pl)	şlapi (m pl)	[ʃlapʲ]
ténis (m pl)	adidaşi (m pl)	[a'didaʃ]
sapatilhas (f pl)	tenişi (m pl)	['teniʃ]
sandálias (f pl)	sandale (f pl)	[san'dale]
sapateiro (m)	cizmar (m)	[tʃiz'mar]
salto (m)	toc (n)	[tok]
par (m)	pereche (f)	[pe'reke]
atacador (m)	şiret (n)	[ʃi'ret]

apertar os atacadores	a şnurui	[a ʃnuru'i]
calçadeira (f)	lingură (f) pentru pantofi	['lingurə 'pentru pan'tofʲ]
graxa (f) para calçado	cremă (f) de ghete	['kremə de 'gete]

31. Acessórios pessoais

luvas (f pl)	mănuşi (f pl)	[mə'nuʃ]
mitenes (f pl)	mănuşi (f pl) cu un singur deget	[mə'nuʃ ku un 'singur 'dedʒet]
cachecol (m)	fular (m)	[fu'lar]

óculos (m pl)	ochelari (m pl)	[oke'larʲ]
armação (f) de óculos	ramă (f)	['ramə]
guarda-chuva (m)	umbrelă (f)	[um'brelə]
bengala (f)	baston (n)	[bas'ton]
escova (f) para o cabelo	perie (f) de păr	[pe'rie de pər]
leque (m)	evantai (n)	[evan'taj]

gravata (f)	cravată (f)	[kra'vatə]
gravata-borboleta (f)	papion (n)	[papi'on]
suspensórios (m pl)	bretele (f pl)	[bre'tele]
lenço (m)	batistă (f)	[ba'tistə]

pente (m)	pieptene (m)	['pjeptene]
travessão (m)	agrafă (f)	[a'grafə]
gancho (m) de cabelo	ac (n) de păr	[ak de pər]
fivela (f)	cataramă (f)	[kata'ramə]

| cinto (m) | cordon (n) | [kor'don] |
| correia (f) | curea (f) | [ku'rʲa] |

mala (f)	geantă (f)	['dʒantə]
mala (f) de senhora	poşetă (f)	[po'ʃetə]
mochila (f)	rucsac (n)	[ruk'sak]

32. Vestuário. Diversos

moda (f)	modă (f)	['modə]
na moda	la modă	[la 'modə]
estilista (m)	modelier (n)	[mode'ljer]

colarinho (m), gola (f)	guler (n)	['guler]
bolso (m)	buzunar (n)	[buzu'nar]
de bolso	de buzunar	[de buzu'nar]
manga (f)	mânecă (f)	['minekə]
alcinha (f)	gaică (f)	['gajkə]
braguilha (f)	şliţ (n)	[ʃlits]

fecho (m) de correr	fermoar (n)	[fermo'ar]
fecho (m), colchete (m)	capsă (f)	['kapsə]
botão (m)	nasture (m)	['nasture]
casa (f) de botão	butonieră (f)	[buto'njerə]

soltar-se (vr)	a se rupe	[a se 'rupe]
coser, costurar (vi)	a coase	[a ko'ase]
bordar (vt)	a broda	[a bro'da]
bordado (m)	broderie (f)	[brode'rie]
agulha (f)	ac (n)	[ak]
fio (m)	aţă (f)	['atsə]
costura (f)	cusătură (f)	[kusə'turə]
sujar-se (vr)	a se murdări	[a se murdə'ri]
mancha (f)	pată (f)	['patə]
engelhar-se (vr)	a se şifona	[a se ʃifo'na]
rasgar (vt)	a rupe	[a 'rupe]
traça (f)	molie (f)	['molie]

33. Cuidados pessoais. Cosméticos

pasta (f) de dentes	pastă (f) de dinţi	['pastə de dintsʲ]
escova (f) de dentes	periuţă (f) de dinţi	[peri'utsə de dintsʲ]
escovar os dentes	a se spăla pe dinţi	[a se spə'la pe dintsʲ]
máquina (f) de barbear	brici (n)	['britʃi]
creme (m) de barbear	cremă (f) de bărbierit	['kremə de bərbie'rit]
barbear-se (vr)	a se bărbieri	[a se bərbie'ri]
sabonete (m)	săpun (n)	[sə'pun]
champô (m)	şampon (n)	[ʃam'pon]
tesoura (f)	foarfece (n)	[fo'arfetʃe]
lima (f) de unhas	pilă (f) de unghii	['pilə de 'ungij]
corta-unhas (m)	cleştişor (n)	[kleʃti'ʃor]
pinça (f)	pensetă (f)	[pen'setə]
cosméticos (m pl)	cosmetică (f)	[kos'metikə]
máscara (f) facial	mască (f)	['maskə]
manicura (f)	manichiură (f)	[mani'kjurə]
fazer a manicura	a face manichiura	[a 'fatʃe mani'kjura]
pedicure (f)	pedichiură (f)	[pedi'kjurə]
mala (f) de maquilhagem	trusă (f) de cosmetică	['trusə de kos'metikə]
pó (m)	pudră (f)	['pudrə]
caixa (f) de pó	pudrieră (f)	[pudri'erə]
blush (m)	fard de obraz (n)	[fard de o'braz]
perfume (m)	parfum (n)	[par'fum]
água (f) de toilette	apă de toaletă (f)	['apə de toa'letə]
loção (f)	loţiune (f)	[lotsi'une]
água-de-colónia (f)	colonie (f)	[ko'lonie]
sombra (f) de olhos	fard (n) de pleoape	[fard 'pentru pleo'ape]
lápis (m) delineador	creion (n) de ochi	[kre'jon 'pentru okʲ]
máscara (f), rímel (m)	rimel (n)	[ri'mel]
batom (m)	ruj (n)	[ruʒ]
verniz (m) de unhas	ojă (f)	['oʒə]

laca (f) para cabelos	gel (n) de păr	[dʒel de pər]
desodorizante (m)	deodorant (n)	[deodo'rant]
creme (m)	cremă (f)	['kremə]
creme (m) de rosto	cremă (f) de față	['kremə de 'fatsə]
creme (m) de mãos	cremă (f) pentru mâini	['kremə 'pentru minʲ]
creme (m) antirrugas	cremă (f) anti-rid	['kremə 'anti rid]
de dia	de zi	[de zi]
da noite	de noapte	[de no'apte]
tampão (m)	tampon (n)	[tam'pon]
papel (m) higiénico	hârtie (f) igienică	[hir'tie idʒi'enikə]
secador (m) elétrico	uscător (n) de păr	[uskə'tor de pər]

34. Relógios de pulso. Relógios

relógio (m) de pulso	ceas (n) de mână	[t͡ʃas de 'minə]
mostrador (m)	cadran (n)	[ka'dran]
ponteiro (m)	acul (n) ceasornicului	['akul t͡ʃasor'nikuluj]
bracelete (f) em aço	brățară (f)	[brə'tsarə]
bracelete (f) em couro	curea (f)	[ku'rʲa]
pilha (f)	baterie (f)	[bate'rie]
descarregar-se	a se termina	[a se termi'na]
trocar a pilha	a schimba bateria	[a skim'ba bate'rija]
estar adiantado	a merge înainte	[a 'merdʒe ina'inte]
estar atrasado	a rămâne în urmă	[a rə'mine in 'urmə]
relógio (m) de parede	pendulă (f)	[pen'dulə]
ampulheta (f)	clepsidră (f)	[klep'sidrə]
relógio (m) de sol	cadran (n) solar	[ka'dran so'lar]
despertador (m)	ceas (n) deșteptător	[t͡ʃas deʃteptə'tor]
relojoeiro (m)	ceasornicar (m)	[t͡ʃasorni'kar]
reparar (vt)	a repara	[a repa'ra]

Alimentação. Nutrição

35. Comida

carne (f)	carne (f)	['karne]
galinha (f)	carne (f) de găină	['karne de gə'inə]
frango (m)	carne (f) de pui	['karne de puj]
pato (m)	carne (f) de rață	['karne de 'ratsə]
ganso (m)	carne (f) de gâscă	['karne de 'giskə]
caça (f)	vânat (n)	[vi'nat]
peru (m)	carne (f) de curcan	['karne de 'kurkan]
carne (f) de porco	carne (f) de porc	['karne de pork]
carne (f) de vitela	carne (f) de vițel	['karne de vi'tsel]
carne (f) de carneiro	carne (f) de berbec	['karne de ber'bek]
carne (f) de vaca	carne (f) de vită	['karne de 'vitə]
carne (f) de coelho	carne (f) de iepure de casă	['karne de 'epure de 'kasə]
chouriço, salsichão (m)	salam (n)	[sa'lam]
salsicha (f)	crenvurșt (n)	[kren'vurʃt]
bacon (m)	costiță (f) afumată	[kos'titsə afu'matə]
fiambre (f)	șuncă (f)	['ʃunkə]
presunto (m)	pulpă (f)	['pulpə]
patê (m)	pateu (n)	[pa'teu]
fígado (m)	ficat (m)	[fi'kat]
carne (f) moída	carne (f) tocată	['karne to'katə]
língua (f)	limbă (f)	['limbə]
ovo (m)	ou (n)	['ow]
ovos (m pl)	ouă (n pl)	['owə]
clara (f) do ovo	albuș (n)	[al'buʃ]
gema (f) do ovo	gălbenuș	[gəlbe'nuʃ]
peixe (m)	pește (m)	['peʃte]
mariscos (m pl)	produse (n pl) marine	[pro'duse ma'rine]
caviar (m)	icre (f pl) de pește	['ikre de 'peʃte]
caranguejo (m)	crab (m)	[krab]
camarão (m)	crevetă (f)	[kre'vetə]
ostra (f)	stridie (f)	['stridie]
lagosta (f)	langustă (f)	[lan'gustə]
polvo (m)	caracatiță (f)	[kara'katitsə]
lula (f)	calmar (m)	[kal'mar]
esturjão (m)	carne (f) de nisetru	['karne de ni'setru]
salmão (m)	somon (m)	[so'mon]
halibute (m)	calcan (m)	[kal'kan]
bacalhau (m)	batog (m)	[ba'tog]
cavala, sarda (f)	macrou (n)	[ma'krou]

atum (m)	ton (m)	[ton]
enguia (f)	țipar (m)	[tsi'par]
truta (f)	păstrăv (m)	[pəs'trəv]
sardinha (f)	sardea (f)	[sar'dʲa]
lúcio (m)	știucă (f)	['ʃtjukə]
arenque (m)	scrumbie (f)	[skrum'bie]
pão (m)	pâine (f)	['pine]
queijo (m)	cașcaval (n)	['brinzə]
açúcar (m)	zahăr (n)	['zahər]
sal (m)	sare (f)	['sare]
arroz (m)	orez (n)	[o'rez]
massas (f pl)	paste (f pl)	['paste]
talharim (m)	tăiței (m)	[təi'tsej]
manteiga (f)	unt (n)	['unt]
óleo (m) vegetal	ulei (n) vegetal	[u'lej vedʒe'tal]
óleo (m) de girassol	ulei (n) de floarea-soarelui	[u'lej de flo'arʲa so'areluj]
margarina (f)	margarină (f)	[marga'rinə]
azeitonas (f pl)	olive (f pl)	[o'live]
azeite (m)	ulei (n) de măsline	[u'lej de məs'line]
leite (m)	lapte (n)	['lapte]
leite (m) condensado	lapte (n) condensat	['lapte konden'sat]
iogurte (m)	iaurt (n)	[ja'urt]
nata (f) azeda	smântână (f)	[smɨn'tɨnə]
nata (f) do leite	frișcă (f)	['friʃkə]
maionese (f)	maioneză (f)	[majo'nezə]
creme (m)	cremă (f)	['kremə]
grãos (m pl) de cereais	crupe (f pl)	['krupe]
farinha (f)	făină (f)	[fə'inə]
enlatados (m pl)	conserve (f pl)	[kon'serve]
flocos (m pl) de milho	fulgi (m pl) de porumb	['fuldʒʲ de po'rumb]
mel (m)	miere (f)	['mjere]
doce (m)	gem (n)	[dʒem]
pastilha (f) elástica	gumă (f) de mestecat	['gumə de meste'kat]

36. Bebidas

água (f)	apă (f)	['apə]
água (f) potável	apă (f) potabilă	['apə po'tabilə]
água (f) mineral	apă (f) minerală	['apə mine'ralə]
sem gás	necarbogazoasă	[nekarbogazo'asə]
gaseificada	carbogazoasă	[karbogazo'asə]
com gás	gazoasă	[gazo'asə]
gelo (m)	gheață (f)	['gʲatsə]
com gelo	cu gheață	[ku 'gʲatsə]

sem álcool	fără alcool	['fərə alko'ol]
bebida (f) sem álcool	băutură (f) fără alcool	[bəu'turə fərə alko'ol]
refresco (m)	băutură (f) răcoritoare	[bəu'turə rəkorito'are]
limonada (f)	limonadă (f)	[limo'nadə]
bebidas (f pl) alcoólicas	băuturi (f pl) alcoolice	[bəu'turʲ alko'olitʃe]
vinho (m)	vin (n)	[vin]
vinho (m) branco	vin (n) alb	[vin alb]
vinho (m) tinto	vin (n) roşu	[vin 'roʃu]
licor (m)	lichior (n)	[li'kør]
champanhe (m)	şampanie (f)	[ʃam'panie]
vermute (m)	vermut (n)	[ver'mut]
uísque (m)	whisky (n)	['wiski]
vodka (f)	votcă (f)	['votkə]
gim (m)	gin (n)	[dʒin]
conhaque (m)	coniac (n)	[ko'njak]
rum (m)	rom (n)	[rom]
café (m)	cafea (f)	[ka'fʲa]
café (m) puro	cafea (f) neagră	[ka'fʲa 'nʲagrə]
café (m) com leite	cafea (f) cu lapte	[ka'fʲa ku 'lapte]
cappuccino (m)	cafea (f) cu frişcă	[ka'fʲa ku 'friʃkə]
café (m) solúvel	cafea (f) solubilă	[ka'fʲa so'lubilə]
leite (m)	lapte (n)	['lapte]
coquetel (m)	cocteil (n)	[kok'tejl]
batido (m) de leite	cocteil (n) din lapte	[kok'tejl din 'lapte]
sumo (m)	suc (n)	[suk]
sumo (m) de tomate	suc (n) de roşii	[suk de 'roʃij]
sumo (m) de laranja	suc (n) de portocale	[suk de porto'kale]
sumo (m) fresco	suc (n) natural	[suk natu'ral]
cerveja (f)	bere (f)	['bere]
cerveja (f) clara	bere (f) blondă	['bere 'blondə]
cerveja (f) preta	bere (f) brună	['bere 'brunə]
chá (m)	ceai (n)	[tʃaj]
chá (m) preto	ceai (n) negru	[tʃaj 'negru]
chá (m) verde	ceai (n) verde	[tʃaj 'verde]

37. Vegetais

legumes (m pl)	legume (f pl)	[le'gume]
verduras (f pl)	verdeaţă (f)	[ver'dʲatsə]
tomate (m)	roşie (f)	['roʃie]
pepino (m)	castravete (m)	[kastra'vete]
cenoura (f)	morcov (m)	['morkov]
batata (f)	cartof (m)	[kar'tof]
cebola (f)	ceapă (f)	['tʃapə]
alho (m)	usturoi (m)	[ustu'roj]

couve (f)	varză (f)	['varzə]
couve-flor (f)	conopidă (f)	[kono'pidə]
couve-de-bruxelas (f)	varză (f) de Bruxelles	['varzə de bruk'sel]
brócolos (m pl)	broccoli (m)	['brokoli]
beterraba (f)	sfeclă (f)	['sfeklə]
beringela (f)	pătlăgea (f) vânătă	[pətlə'dʒ'a 'vinətə]
curgete (f)	dovlecel (m)	[dovle'tʃel]
abóbora (f)	dovleac (m)	[dov'lʲak]
nabo (m)	nap (m)	[nap]
salsa (f)	pătrunjel (m)	[pətrun'ʒel]
funcho, endro (m)	mărar (m)	[mə'rar]
alface (f)	salată (f)	[sa'latə]
aipo (m)	țelină (f)	['tseline]
espargo (m)	sparanghel (m)	[sparan'gel]
espinafre (m)	spanac (n)	[spa'nak]
ervilha (f)	mazăre (f)	['mazərə]
fava (f)	boabe (f pl)	[bo'abe]
milho (m)	porumb (m)	[po'rumb]
feijão (m)	fasole (f)	[fa'sole]
pimentão (m)	piper (m)	[pi'per]
rabanete (m)	ridiche (f)	[ri'dike]
alcachofra (f)	anghinare (f)	[angi'nare]

38. Frutos. Nozes

fruta (f)	fruct (n)	[frukt]
maçã (f)	măr (n)	[mər]
pera (f)	pară (f)	['parə]
limão (m)	lămâie (f)	[lə'mie]
laranja (f)	portocală (f)	[porto'kalə]
morango (m)	căpşună (f)	[kəp'ʃunə]
tangerina (f)	mandarină (f)	[manda'rinə]
ameixa (f)	prună (f)	['prunə]
pêssego (m)	piersică (f)	['pjersikə]
damasco (m)	caisă (f)	[ka'isə]
framboesa (f)	zmeură (f)	['zmeurə]
ananás (m)	ananas (m)	[ana'nas]
banana (f)	banană (f)	[ba'nanə]
melancia (f)	pepene (m) verde	['pepene 'verde]
uva (f)	struguri (m pl)	['strugurʲ]
ginja (f)	vişină (f)	['viʃinə]
cereja (f)	cireaşă (f)	[tʃi'rʲaʃə]
meloa (f)	pepene (m) galben	['pepene 'galben]
toranja (f)	grepfrut (n)	['grepfrut]
abacate (m)	avocado (n)	[avo'kado]
papaia (f)	papaia (f)	[pa'paja]
manga (f)	mango (n)	['mango]

romã (f)	rodie (f)	['rodie]
groselha (f) vermelha	coacăză (f) roşie	[ko'akəzə 'roʃie]
groselha (f) preta	coacăză (f) neagră	[ko'akəzə 'nʲagrə]
groselha (f) espinhosa	agrişă (f)	[a'griʃə]
mirtilo (m)	afină (f)	[a'finə]
amora silvestre (f)	mură (f)	['murə]
uvas (f pl) passas	stafidă (f)	[sta'fidə]
figo (m)	smochină (f)	[smo'kinə]
tâmara (f)	curmală (f)	[kur'malə]
amendoim (m)	arahidă (f)	[ara'hidə]
amêndoa (f)	migdală (f)	[mig'dalə]
noz (f)	nucă (f)	['nukə]
avelã (f)	alună (f) de pădure	[a'lunə de pə'dure]
coco (m)	nucă (f) de cocos	['nukə de 'kokos]
pistáchios (m pl)	fistic (m)	['fistik]

39. Pão. Bolaria

pastelaria (f)	produse (n pl) de cofetărie	[pro'duse də kofetə'rie]
pão (m)	pâine (f)	['pine]
bolacha (f)	biscuit (m)	[bisku'it]
chocolate (m)	ciocolată (f)	[tʃioko'latə]
de chocolate	de, din ciocolată	[de, din tʃioko'latə]
rebuçado (m)	bomboană (f)	[bombo'anə]
bolo (cupcake, etc.)	prăjitură (f)	[prəʒi'turə]
bolo (m) de aniversário	tort (n)	[tort]
tarte (~ de maçã)	plăcintă (f)	[plə'tʃintə]
recheio (m)	umplutură (f)	[umplu'turə]
doce (m)	dulceaţă (f)	[dul'tʃatsə]
geleia (f) de frutas	marmeladă (f)	[marme'ladə]
waffle (m)	napolitane (f pl)	[napoli'tane]
gelado (m)	îngheţată (f)	[inge'tsatə]

40. Pratos cozinhados

prato (m)	fel (n) de mâncare	[fel de mi'nkare]
cozinha (~ portuguesa)	bucătărie (f)	[bukətə'rie]
receita (f)	reţetă (f)	[re'tsetə]
porção (f)	porţie (f)	['portsie]
salada (f)	salată (f)	[sa'latə]
sopa (f)	supă (f)	['supə]
caldo (m)	supă (f) de carne	['supə de 'karne]
sandes (f)	tartină (f)	[tar'tinə]
ovos (m pl) estrelados	omletă (f)	[om'letə]
hambúrguer (m)	hamburger (m)	['hamburger]

bife (m)	**biftec** (n)	[bif'tek]
conduto (m)	**garnitură** (f)	[garni'turə]
espaguete (m)	**spaghete** (f pl)	[spa'gete]
puré (m) de batata	**piure** (n) **de cartofi**	[pju're de kar'tofʲ]
pizza (f)	**pizza** (f)	['pitsa]
papa (f)	**caşă** (f)	['kaʃə]
omelete (f)	**omletă** (f)	[om'letə]
cozido em água	**fiert**	[fiert]
fumado	**afumat**	[afu'mat]
frito	**prăjit**	[prə'ʒit]
seco	**uscat**	[us'kat]
congelado	**congelat**	[kondʒe'lat]
em conserva	**marinat**	[mari'nat]
doce (açucarado)	**dulce**	['dultʃe]
salgado	**sărat**	[sə'rat]
frio	**rece**	['retʃe]
quente	**fierbinte**	[fier'binte]
amargo	**amar**	[a'mar]
gostoso	**gustos**	[gus'tos]
cozinhar (em água a ferver)	**a fierbe**	[a 'fjerbe]
fazer, preparar (vt)	**a găti**	[a gə'ti]
fritar (vt)	**a prăji**	[a prə'ʒi]
aquecer (vt)	**a încălzi**	[a inkəl'zi]
salgar (vt)	**a săra**	[a sə'ra]
apimentar (vt)	**a pipera**	[a pipe'ra]
ralar (vt)	**a da prin răzătoare**	[a da prin rəzəto'are]
casca (f)	**coajă** (f)	[ko'aʒə]
descascar (vt)	**a curăţa**	[a kurə'tsa]

41. Especiarias

sal (m)	**sare** (f)	['sare]
salgado	**sărat**	[sə'rat]
salgar (vt)	**a săra**	[a sə'ra]
pimenta (f) preta	**piper** (m) **negru**	[pi'per 'negru]
pimenta (f) vermelha	**piper** (m) **roşu**	[pi'per 'roʃu]
mostarda (f)	**muştar** (m)	[muʃ'tar]
raiz-forte (f)	**hrean** (n)	[hrʲan]
condimento (m)	**condiment** (n)	[kondi'ment]
especiaria (f)	**condiment** (n)	[kondi'ment]
molho (m)	**sos** (n)	[sos]
vinagre (m)	**oţet** (n)	[o'tset]
anis (m)	**anason** (m)	[ana'son]
manjericão (m)	**busuioc** (n)	[busu'jok]
cravo (m)	**cuişoare** (f pl)	[kuiʃo'are]
gengibre (m)	**ghimber** (m)	[gim'ber]
coentro (m)	**coriandru** (m)	[kori'andru]

canela (f)	scorțișoară (f)	[skortsiʃo'arə]
sésamo (m)	susan (m)	[su'san]
folhas (f pl) de louro	foi (f) de dafin	[foj de 'dafin]
páprica (f)	paprică (f)	['paprikə]
cominho (m)	chimen (m)	[ki'men]
açafrão (m)	șofran (m)	[ʃo'fran]

42. Refeições

comida (f)	mâncare (f)	[mɨn'kare]
comer (vt)	a mânca	[a mɨn'ka]
pequeno-almoço (m)	micul dejun (n)	['mikul de'ʒun]
tomar o pequeno-almoço	a lua micul dejun	[a lu'a 'mikul de'ʒun]
almoço (m)	prânz (n)	[prɨnz]
almoçar (vi)	a lua prânzul	[a lu'a 'prɨnzul]
jantar (m)	cină (f)	['tʃinə]
jantar (vi)	a cina	[a tʃi'na]
apetite (m)	poftă (f) de mâncare	['poftə de mɨ'nkare]
Bom apetite!	Poftă bună!	['poftə 'bunə]
abrir (~ uma lata, etc.)	a deschide	[a des'kide]
derramar (vt)	a vărsa	[a vər'sa]
derramar-se (vr)	a se vărsa	[a se vər'sa]
ferver (vi)	a fierbe	[a 'fjerbe]
ferver (vt)	a fierbe	[a 'fjerbe]
fervido	fiert	[fiert]
arrefecer (vt)	a răci	[a rə'tʃi]
arrefecer-se (vr)	a se răci	[a se rə'tʃi]
sabor, gosto (m)	gust (n)	[gust]
gostinho (m)	aromă (f)	[a'romə]
fazer dieta	a slăbi	[a slə'bi]
dieta (f)	dietă (f)	[di'etə]
vitamina (f)	vitamină (f)	[vita'minə]
caloria (f)	calorie (f)	[kalo'rie]
vegetariano (m)	vegetarian (m)	[vedʒetari'an]
vegetariano	vegetarian	[vedʒetari'an]
gorduras (f pl)	grăsimi (f pl)	[grə'simʲ]
proteínas (f pl)	proteine (f pl)	[prote'ine]
carboidratos (m pl)	hidrați (m pl) de carbon	[hi'dratsʲ de kar'bon]
fatia (~ de limão, etc.)	felie (f)	[fe'lie]
pedaço (~ de bolo)	bucată (f)	[bu'katə]
migalha (f)	firimitură (f)	[firimi'turə]

43. Por a mesa

colher (f)	lingură (f)	['lingurə]
faca (f)	cuțit (n)	[ku'tsit]

garfo (m)	furculiţă (f)	[furku'litsə]
chávena (f)	ceaşcă (f)	['tʃaʃkə]
prato (m)	farfurie (f)	[farfu'rie]
pires (m)	farfurioară (f)	[farfurio'arə]
guardanapo (m)	şerveţel (n)	[ʃerve'tsel]
palito (m)	scobitoare (f)	[skobito'are]

44. Restaurante

restaurante (m)	restaurant (n)	[restau'rant]
café (m)	cafenea (f)	[kafe'nʲa]
bar (m), cervejaria (f)	bar (n)	[bar]
salão (m) de chá	salon (n) de ceai	[sa'lon de tʃaj]
empregado (m) de mesa	chelner (m)	['kelner]
empregada (f) de mesa	chelneriţă (f)	[kelne'ritsə]
barman (m)	barman (m)	['barman]
ementa (f)	meniu (n)	[me'nju]
lista (f) de vinhos	meniu (n) de vinuri	[menju de 'vinurʲ]
reservar uma mesa	a rezerva o masă	[a rezer'va o 'masə]
prato (m)	mâncare (f)	[mɨn'kare]
pedir (vt)	a comanda	[a koman'da]
fazer o pedido	a face comandă	[a 'fatʃe ko'mandə]
aperitivo (m)	aperitiv (n)	[aperi'tiv]
entrada (f)	gustare (f)	[gus'tare]
sobremesa (f)	desert (n)	[de'sert]
conta (f)	notă (f) de plată	['notə de 'platə]
pagar a conta	a achita nota de plată	[a aki'ta 'nota de 'platə]
dar o troco	a da rest	[a da 'rest]
gorjeta (f)	bacşiş (n)	[bak'ʃiʃ]

Família, parentes e amigos

45. Informação pessoal. Formulários

nome (m)	prenume (n)	[pre'nume]
apelido (m)	nume (n)	['nume]
data (f) de nascimento	data (f) naşterii	['data 'naʃterij]
local (m) de nascimento	locul (n) naşterii	['lokul 'naʃterij]
nacionalidade (f)	naţionalitate (f)	[natsionali'tate]
lugar (m) de residência	locul (n) de reşedinţă	['lokul de reʃə'dintsə]
país (m)	ţară (f)	['tsarə]
profissão (f)	profesie (f)	[pro'fesie]
sexo (m)	sex (n)	[seks]
estatura (f)	înălţime (f)	[inəl'tsime]
peso (m)	greutate (f)	[greu'tate]

46. Membros da família. Parentes

mãe (f)	mamă (f)	['mamə]
pai (m)	tată (m)	['tatə]
filho (m)	fiu (m)	['fju]
filha (f)	fiică (f)	['fiikə]
filha (f) mais nova	fiica (f) mai mică	['fiika maj 'mikə]
filho (m) mais novo	fiul (m) mai mic	['fjul maj mik]
filha (f) mais velha	fiica (f) mai mare	['fiika maj 'mare]
filho (m) mais velho	fiul (m) mai mare	['fjul maj 'mare]
irmão (m)	frate (m)	['frate]
irmã (f)	soră (f)	['sorə]
primo (m)	văr (m)	[vər]
prima (f)	vară (f)	['varə]
mamã (f)	mamă (f)	['mamə]
papá (m)	tată (m)	['tatə]
pais (pl)	părinţi (m pl)	[pə'rintsʲ]
criança (f)	copil (m)	[ko'pil]
crianças (f pl)	copii (m pl)	[ko'pij]
avó (f)	bunică (f)	[bu'nikə]
avô (m)	bunic (m)	[bu'nik]
neto (m)	nepot (m)	[ne'pot]
neta (f)	nepoată (f)	[nepo'atə]
netos (pl)	nepoţi (m pl)	[ne'potsʲ]
tio (m)	unchi (m)	[unkʲ]
tia (f)	mătuşă (f)	[mə'tuʃə]

sobrinho (m)	nepot (m)	[ne'pot]
sobrinha (f)	nepoată (f)	[nepo'atə]
sogra (f)	soacră (f)	[so'akrə]
sogro (m)	socru (m)	['sokru]
genro (m)	cumnat (m)	[kum'nat]
madrasta (f)	mamă vitregă (f)	['mamə 'vitregə]
padrasto (m)	tată vitreg (m)	['tatə 'vitreg]
criança (f) de colo	sugaci (m)	[su'gatʃi]
bebé (m)	prunc (m)	[prunk]
menino (m)	pici (m)	[pitʃi]
mulher (f)	soție (f)	[so'tsie]
marido (m)	soț (m)	[sots]
esposo (m)	soț (m)	[sots]
esposa (f)	soție (f)	[so'tsie]
casado	căsătorit	[kəsəto'rit]
casada	căsătorită	[kəsəto'ritə]
solteiro	celibatar (m)	[tʃeliba'tar]
solteirão (m)	burlac (m)	[bur'lak]
divorciado	divorțat	[divor'tsat]
viúva (f)	văduvă (f)	[vəduvə]
viúvo (m)	văduv (m)	[vəduv]
parente (m)	rudă (f)	['rudə]
parente (m) próximo	rudă (f) apropiată	['rudə apropi'jatə]
parente (m) distante	rudă (f) îndepărtată	['rudə indeper'tatə]
parentes (m pl)	rude (f pl) de sânge	['rude de 'sindʒe]
órfão (m), órfã (f)	orfan (m)	[or'fan]
tutor (m)	tutore (m)	[tu'tore]
adotar (um filho)	a adopta	[a adop'ta]
adotar (uma filha)	a adopta	[a adop'ta]

Medicina

47. Doenças

doença (f)	boală (f)	[bo'alə]
estar doente	a fi bolnav	[a fi bol'nav]
saúde (f)	sănătate (f)	[sənə'tate]

nariz (m) a escorrer	guturai (n)	[gutu'raj]
amigdalite (f)	anghină (f)	[a'nginə]
constipação (f)	răceală (f)	[rə'tʃalə]
constipar-se (vr)	a răci	[a rə'tʃi]

bronquite (f)	bronşită (f)	[bron'ʃitə]
pneumonia (f)	pneumonie (f)	[pneumo'nie]
gripe (f)	gripă (f)	['gripə]

míope	miop	[mi'op]
presbita	prezbit	[prez'bit]
estrabismo (m)	strabism (n)	[stra'bism]
estrábico	saşiu	[sa'ʃiu]
catarata (f)	cataractă (f)	[kata'raktə]
glaucoma (m)	glaucom (n)	[glau'kom]

AVC (m), apoplexia (f)	congestie (f)	[kon'dʒestie]
ataque (m) cardíaco	infarct (n)	[in'farkt]
enfarte (m) do miocárdio	infarct (n) miocardic	[in'farkt mio'kardik]
paralisia (f)	paralizie (f)	[parali'zie]
paralisar (vt)	a paraliza	[a parali'za]

alergia (f)	alergie (f)	[aler'dʒie]
asma (f)	astmă (f)	['astmə]
diabetes (f)	diabet (n)	[dia'bet]

dor (f) de dentes	durere (f) de dinţi	[du'rere de dints]
cárie (f)	carie (f)	['karie]

diarreia (f)	diaree (f)	[dia'ree]
prisão (f) de ventre	constipaţie (f)	[konsti'patsie]
desarranjo (m) intestinal	deranjament (n) la stomac	[deranʒa'ment la sto'mak]
intoxicação (f) alimentar	intoxicare (f)	[intoksi'kare]
intoxicar-se	a se intoxica	[a se intoksi'ka]

artrite (f)	artrită (f)	[ar'tritə]
raquitismo (m)	rahitism (n)	[rahi'tism]
reumatismo (m)	reumatism (n)	[reuma'tism]
arteriosclerose (f)	ateroscleroză (f)	[arterioskle'rozə]

gastrite (f)	gastrită (f)	[gas'tritə]
apendicite (f)	apendicită (f)	[apendi'tʃitə]

colecistite (f)	colecistită (f)	[koletʃis'titə]
úlcera (f)	ulcer (n)	[ul'tʃer]
sarampo (m)	pojar	[po'ʒar]
rubéola (f)	rubeolă (f)	[ruʒe'olə]
icterícia (f)	icter (n)	['ikter]
hepatite (f)	hepatită (f)	[hepa'titə]
esquizofrenia (f)	schizofrenie (f)	[skizofre'nie]
raiva (f)	turbare (f)	[tur'bare]
neurose (f)	nevroză (f)	[ne'vrozə]
comoção (f) cerebral	comoție (f) cerebrală	[ko'motsie tʃerə'bralə]
cancro (m)	cancer (n)	['kantʃer]
esclerose (f)	scleroză (f)	[skle'rozə]
esclerose (f) múltipla	scleroză multiplă (f)	[skle'rozə mul'tiplə]
alcoolismo (m)	alcoolism (n)	[alkoo'lizm]
alcoólico (m)	alcoolic (m)	[alko'olik]
sífilis (f)	sifilis (n)	['sifilis]
SIDA (f)	SIDA (f)	['sida]
tumor (m)	tumoare (f)	[tumo'are]
maligno	malignă	[ma'lignə]
benigno	benignă	[be'nignə]
febre (f)	friguri (n pl)	['friguri]
malária (f)	malarie (f)	[mala'rie]
gangrena (f)	cangrenă (f)	[kan'grenə]
enjoo (m)	rău (n) de mare	[rəu de 'mare]
epilepsia (f)	epilepsie (f)	[epilep'sie]
epidemia (f)	epidemie (f)	[epide'mie]
tifo (m)	tifos (n)	['tifos]
tuberculose (f)	tuberculoză (f)	[tuberku'lozə]
cólera (f)	holeră (f)	['holerə]
peste (f)	ciumă (f)	['tʃiumə]

48. Sintomas. Tratamentos. Parte 1

sintoma (m)	simptom (n)	[simp'tom]
temperatura (f)	temperatură (f)	[tempera'turə]
febre (f)	febră (f)	['febrə]
pulso (m)	puls (n)	[puls]
vertigem (f)	amețeală (f)	[ame'tsʲalə]
quente (testa, etc.)	fierbinte	[fier'binte]
calafrio (m)	frisoane (n pl)	[friso'ane]
pálido	palid	['palid]
tosse (f)	tuse (f)	['tuse]
tossir (vi)	a tuşi	[a tu'ʃi]
espirrar (vi)	a strănuta	[a strənu'ta]
desmaio (m)	leşin (n)	[le'ʃin]

desmaiar (vi)	a leşina	[a leʃi'na]
nódoa (f) negra	vânătaie (f)	[vinə'tae]
galo (m)	cucui (n)	[ku'kuj]
magoar-se (vr)	a se lovi	[a se lo'vi]
pisadura (f)	contuzie (f)	[kon'tuzie]
aleijar-se (vr)	a se lovi	[a se lo'vi]
coxear (vi)	a şchiopăta	[a ʃkiopə'ta]
deslocação (f)	luxaţie (f)	[luk'satsie]
deslocar (vt)	a luxa	[a luk'sa]
fratura (f)	fractură (f)	[frak'turə]
fraturar (vt)	a fractura	[a fraktu'ra]
corte (m)	tăietură (f)	[təe'turə]
cortar-se (vr)	a se tăia	[a se tə'ja]
hemorragia (f)	sângerare (f)	[sindʒe'rare]
queimadura (f)	arsură (f)	[ar'surə]
queimar-se (vr)	a se frige	[a se 'fridʒe]
picar (vt)	a înţepa	[a intse'pa]
picar-se (vr)	a se înţepa	[a s intse'pa]
lesionar (vt)	a se răni	[a se rə'ni]
lesão (m)	vătămare (f)	[vətə'mare]
ferida (f), ferimento (m)	rană (f)	['ranə]
trauma (m)	traumă (f)	['traumə]
delirar (vi)	a delira	[a deli'ra]
gaguejar (vi)	a se bâlbâi	[a se bɨlbɨ'i]
insolação (f)	insolaţie (f)	[inso'latsie]

49. Sintomas. Tratamentos. Parte 2

dor (f)	durere (f)	[du'rere]
farpa (no dedo)	ghimpe (m)	['gimpe]
suor (m)	transpiraţie (f)	[transpi'ratsie]
suar (vi)	a transpira	[a transpi'ra]
vómito (m)	vomă (f)	['vomə]
convulsões (f pl)	convulsii (f pl)	[kon'vulsij]
grávida	gravidă (f)	[gra'vidə]
nascer (vi)	a se naşte	[a se 'naʃte]
parto (m)	naştere (f)	['naʃtere]
dar à luz	a naşte	[a 'naʃte]
aborto (m)	avort (n)	[a'vort]
respiração (f)	respiraţie (f)	[respi'ratsie]
inspiração (f)	inspiraţie (f)	[inspi'ratsie]
expiração (f)	expiraţie (f)	[ekspi'ratsie]
expirar (vi)	a expira	[a ekspi'ra]
inspirar (vi)	a inspira	[a inspi'ra]
inválido (m)	invalid (m)	[inva'lid]
aleijado (m)	infirm (m)	[in'firm]

toxicodependente (m)	narcoman (m)	[narko'man]
surdo	surd	[surd]
mudo	mut	[mut]
surdo-mudo	surdo-mut	[surdo'mut]
louco (adj.)	nebun	[ne'bun]
louco (m)	nebun (m)	[ne'bun]
louca (f)	nebună (f)	[ne'bunə]
ficar louco	a înnebuni	[a innebu'ni]
gene (m)	genă (f)	['dʒenə]
imunidade (f)	imunitate (f)	[Imunı'tate]
hereditário	ereditar	[eredi'tar]
congénito	congenital	[kondʒeni'tal]
vírus (m)	virus (m)	['virus]
micróbio (m)	microb (m)	[mi'krob]
bactéria (f)	bacterie (f)	[bak'terie]
infeção (f)	infecție (f)	[in'fektsie]

50. Sintomas. Tratamentos. Parte 3

hospital (m)	spital (n)	[spi'tal]
paciente (m)	pacient (m)	[patʃi'ent]
diagnóstico (m)	diagnostic (n)	[diag'nostik]
cura (f)	tratament (n)	[trata'ment]
curar-se (vr)	a urma tratament	[a ur'ma trata'ment]
tratar (vt)	a trata	[a tra'ta]
cuidar (pessoa)	a îngriji	[a ingri'ʒi]
cuidados (m pl)	îngrijire (f)	[ingri'ʒire]
operação (f)	operație (f)	[ope'ratsie]
enfaixar (vt)	a pansa	[a pan'sa]
enfaixamento (m)	pansare (f)	[pan'sare]
vacinação (f)	vaccin (n)	[vak'tʃin]
vacinar (vt)	a vaccina	[a vaktʃi'na]
injeção (f)	injecție (f)	[in'ʒektsie]
dar uma injeção	a face injecție	[a 'fatʃe in'ʒektsie]
amputação (f)	amputare (f)	[ampu'tare]
amputar (vt)	a amputa	[a ampu'ta]
coma (f)	comă (f)	['komə]
estar em coma	a fi în comă	[a fi in 'komə]
reanimação (f)	reanimare (f)	[reani'mare]
recuperar-se (vr)	a se vindeca	[a se vinde'ka]
estado (~ de saúde)	stare (f)	['stare]
consciência (f)	conştiință (f)	[konʃti'intsə]
memória (f)	memorie (f)	[me'morie]
tirar (vt)	a extrage	[a eks'tradʒe]
chumbo (m), obturação (f)	plombă (f)	['plombə]

chumbar, obturar (vt)	a plomba	[a plom'ba]
hipnose (f)	hipnoză (f)	[hip'nozə]
hipnotizar (vt)	a hipnotiza	[a hipnoti'za]

51. Médicos

médico (m)	medic (m)	['medik]
enfermeira (f)	asistentă (f) medicală	[asis'tentə medi'kalə]
médico (m) pessoal	medic (m) personal	['medik perso'nal]

dentista (m)	stomatolog (m)	[stomato'log]
oculista (m)	oculist (m)	[oku'list]
terapeuta (m)	terapeut (m)	[terape'ut]
cirurgião (m)	chirurg (m)	[ki'rurg]

psiquiatra (m)	psihiatru (m)	[psihi'atru]
pediatra (m)	pediatru (m)	[pedi'atru]
psicólogo (m)	psiholog (m)	[psiho'log]
ginecologista (m)	ginecolog (m)	[dʒineko'log]
cardiologista (m)	cardiolog (m)	[kardio'log]

52. Medicina. Drogas. Acessórios

medicamento (m)	medicament (n)	[medika'ment]
remédio (m)	remediu (n)	[re'medju]
receita (f)	rețetă (f)	[re'tsetə]

comprimido (m)	pastilă (f)	[pas'tilə]
pomada (f)	unguent (n)	[ungu'ent]
ampola (f)	fiolă (f)	[fi'olə]
preparado (m)	mixtură (f)	[miks'turə]
xarope (m)	sirop (n)	[si'rop]
cápsula (f)	pilulă (f)	[pi'lulə]
remédio (m) em pó	praf (n)	[praf]

ligadura (f)	bandaj (n)	[ban'daʒ]
algodão (m)	vată (f)	['vatə]
iodo (m)	iod (n)	[jod]

penso (m) rápido	leucoplast (n)	[leuko'plast]
conta-gotas (m)	pipetă (f)	[pi'petə]
termómetro (m)	termometru (n)	[termo'metru]
seringa (f)	seringă (f)	[se'ringə]

| cadeira (f) de rodas | cărucior (n) pentru invalizi | [kəru'tʃior 'pentru inva'lizʲ] |
| muletas (f pl) | cârje (f pl) | ['kirʒe] |

analgésico (m)	anestezic (n)	[anes'tezik]
laxante (m)	laxativ (n)	[laksa'tiv]
álcool (m) etílico	spirt (n)	[spirt]
ervas (f pl) medicinais	plante (f pl) medicinale	['plante meditʃi'nale]
de ervas (chá ~)	din plante medicinale	[din 'plante meditʃi'nale]

HABITAT HUMANO

Cidade

53. Cidade. Vida na cidade

cidade (f)	oraş (n)	[o'raʃ]
capital (f)	capitală (f)	[kapi'talə]
aldeia (f)	sat (n)	[sat]
mapa (m) da cidade	planul (n) oraşului	['planul o'raʃuluj]
centro (m) da cidade	centrul (n) oraşului	['ʧentrul o'raʃuluj]
subúrbio (m)	suburbie (f)	[subur'bie]
suburbano	din suburbie	[din subur'bie]
periferia (f)	margine (f)	['mard ʒine]
arredores (m pl)	împrejurimi (f pl)	[impreʒu'rimʲ]
quarteirão (m)	cartier (n)	[kar'tjer]
quarteirão (m) residencial	cartier (n) locativ	[ka'rtjer loka'tiv]
tráfego (m)	circulaţie (f)	[ʧirku'latsie]
semáforo (m)	semafor (n)	[sema'for]
transporte (m) público	transport (n) urban	[trans'port ur'ban]
cruzamento (m)	intersecţie (f)	[inter'sektsie]
passadeira (f)	trecere (f)	['treʧere]
passagem (f) subterrânea	trecere (f) subterană	['treʧere subte'ranə]
cruzar, atravessar (vt)	a traversa	[a traver'sa]
peão (m)	pieton (m)	[pie'ton]
passeio (m)	trotuar (n)	[trotu'ar]
ponte (f)	pod (n)	[pod]
margem (f) do rio	faleză (f)	[fa'lezə]
fonte (f)	havuz (n)	[ha'vuz]
alameda (f)	alee (f)	[a'lee]
parque (m)	parc (n)	[park]
bulevar (m)	bulevard (n)	[bule'vard]
praça (f)	piaţă (f)	['pjatsə]
avenida (f)	prospect (n)	[pros'pekt]
rua (f)	stradă (f)	['stradə]
travessa (f)	stradelă (f)	[stra'delə]
beco (m) sem saída	fundătură (f)	[fundə'turə]
casa (f)	casă (f)	['kasə]
edifício, prédio (m)	clădire (f)	[klə'dire]
arranha-céus (m)	zgârie-nori (m)	['zgirie norʲ]
fachada (f)	faţadă (f)	[fa'tsadə]
telhado (m)	acoperiş (n)	[akope'riʃ]

janela (f)	fereastră (f)	[fe'rʲastrə]
arco (m)	arc (n)	[ark]
coluna (f)	coloană (f)	[kolo'anə]
esquina (f)	colț (n)	[kolts]

montra (f)	vitrină (f)	[vi'trinə]
letreiro (m)	firmă (f)	['firmə]
cartaz (m)	afiş (n)	[a'fiʃ]
cartaz (m) publicitário	afişaj (n)	[afi'ʃaʒ]
painel (m) publicitário	panou (n) publicitar	[pa'nu publitʃi'tar]

lixo (m)	gunoi (n)	[gu'noj]
cesta (f) do lixo	coş (n) de gunoi	[koʃ de gu'noj]
jogar lixo na rua	a face murdărie	[a 'fatʃe murdə'rie]
aterro (m) sanitário	groapă (f) de gunoi	[gro'apə de gu'noj]

cabine (f) telefónica	cabină (f) telefonică	[ka'binə tele'fonikə]
candeeiro (m) de rua	stâlp (m) de felinar	[stilp de feli'nar]
banco (m)	bancă (f)	['bankə]

polícia (m)	poliţist (m)	[poli'tsist]
polícia (instituição)	poliţie (f)	[po'litsie]
mendigo (m)	cerşetor (m)	[tʃerʃe'tor]
sem-abrigo (m)	vagabond (m)	[vaga'bond]

54. Instituições urbanas

loja (f)	magazin (n)	[maga'zin]
farmácia (f)	farmacie (f)	[farma'tʃie]
ótica (f)	optică (f)	['optikə]
centro (m) comercial	centru (n) comercial	['tʃentru komertʃi'al]
supermercado (m)	supermarket (n)	[super'market]

padaria (f)	brutărie (f)	[brutə'rie]
padeiro (m)	brutar (m)	[bru'tar]
pastelaria (f)	cofetărie (f)	[kofetə'rie]
mercearia (f)	băcănie (f)	[bəkə'nie]
talho (m)	hală (f) de carne	['halə de 'karne]

loja (f) de legumes	magazin (m) de legume	[maga'zin de le'gume]
mercado (m)	piaţă (f)	['pjatsə]

café (m)	cafenea (f)	[kafe'nʲa]
restaurante (m)	restaurant (n)	[restau'rant]
bar (m), cervejaria (f)	berărie (f)	[berə'rie]
pizzaria (f)	pizzerie (f)	[pitse'rie]

salão (m) de cabeleireiro	frizerie (f)	[frize'rie]
correios (m pl)	poştă (f)	['poʃtə]
lavandaria (f)	curăţătorie (f) chimică	[kurətsəto'rie 'kimikə]
estúdio (m) fotográfico	atelier (n) foto	[ate'ljer 'foto]

sapataria (f)	magazin (n) de încălţăminte	[maga'zin de inkəltsə'minte]
livraria (f)	librărie (f)	[librə'rie]

loja (f) de artigos de desporto	magazin (n) sportiv	[maga'zin spor'tiv]
reparação (f) de roupa	croitorie (f)	[kroito'rie]
aluguer (m) de roupa	închiriere (f) de haine	[inki'rjere de 'hajne]
aluguer (m) de filmes	închiriere (f) de filme	[inki'rjere de 'filme]
circo (m)	circ (n)	[tʃirk]
jardim (m) zoológico	grădină (f) zoologică	[grə'dinə zoo'lodʒikə]
cinema (m)	cinematograf (n)	[tʃinemato'graf]
museu (m)	muzeu (n)	[mu'zeu]
biblioteca (f)	bibliotecă (f)	[biblio'tekə]
teatro (m)	teatru (n)	[te'atru]
ópera (f)	operă (f)	['operə]
clube (m) noturno	club (n) de noapte	['klub de no'apte]
casino (m)	cazinou (n)	[kazi'nou]
mesquita (f)	moschee (f)	[mos'kee]
sinagoga (f)	sinagogă (f)	[sina'gogə]
catedral (f)	catedrală (f)	[kate'dralə]
templo (m)	templu (n)	['templu]
igreja (f)	biserică (f)	[bi'serikə]
instituto (m)	institut (n)	[insti'tut]
universidade (f)	universitate (f)	[universi'tate]
escola (f)	şcoală (f)	[ʃko'alə]
prefeitura (f)	prefectură (f)	[prefek'turə]
câmara (f) municipal	primărie (f)	[primə'rie]
hotel (m)	hotel (n)	[ho'tel]
banco (m)	bancă (f)	['bankə]
embaixada (f)	ambasadă (f)	[amba'sadə]
agência (f) de viagens	agenție (f) de turism	[adʒen'tsie de tu'rism]
agência (f) de informações	birou (n) de informații	[bi'rou de infor'matsij]
casa (f) de câmbio	schimb (n) valutar	[skimb valu'tar]
metro (m)	metrou (n)	[me'trou]
hospital (m)	spital (n)	[spi'tal]
posto (m) de gasolina	benzinărie (f)	[benzinə'rie]
parque (m) de estacionamento	parcare (f)	[par'kare]

55. Sinais

letreiro (m)	firmă (f)	['firmə]
inscrição (f)	inscripție (f)	[in'skriptsie]
cartaz, póster (m)	afiş (n)	[a'fiʃ]
sinal (m) informativo	semn (n)	[semn]
seta (f)	indicator (n)	[indika'tor]
aviso (advertência)	avertisment (n)	[avertis'ment]
sinal (m) de aviso	avertisment (n)	[avertis'ment]
avisar, advertir (vt)	a avertiza	[a averti'za]
dia (m) de folga	zi (f) de odihnă	[zi de o'dihnə]

horário (m)	orar (n)	[o'rar]
horário (m) de funcionamento	ore (f pl) de lucru	['ore de 'lukru]
BEM-VINDOS!	BINE AȚI VENIT!	['bine 'atsʲ ve'nit]
ENTRADA	INTRARE	[in'trare]
SAÍDA	IEȘIRE	[je'ʃire]
EMPURRE	ÎMPINGE	[im'pindʒe]
PUXE	TRAGE	['tradʒe]
ABERTO	DESCHIS	[des'kis]
FECHADO	ÎNCHIS	[in'kis]
MULHER	PENTRU FEMEI	['pentru fe'mej]
HOMEM	PENTRU BĂRBAȚI	['pentru bər'batsʲ]
DESCONTOS	REDUCERI	[re'dutʃerʲ]
SALDOS	LICHIDARE DE STOC	[liki'dare de stok]
NOVIDADE!	NOU	['nou]
GRÁTIS	GRATUIT	[gratu'it]
ATENÇÃO!	ATENȚIE!	[a'tentsie]
NÃO HÁ VAGAS	NU SUNT LOCURI	[nu 'sunt 'lokurʲ]
RESERVADO	REZERVAT	[rezer'vat]
ADMINISTRAÇÃO	ADMINISTRAȚIE	[adminis'tratsie]
SOMENTE PESSOAL AUTORIZADO	NUMAI PENTRU ANGAJAȚI	['numaj 'pentru anga'ʒatsʲ]
CUIDADO CÃO FEROZ	CÂINE RĂU	['kine 'rəu]
PROIBIDO FUMAR!	NU FUMAȚI!	[nu fu'matsʲ]
NÃO TOCAR	NU ATINGEȚI!	[nu a'tindʒetsʲ]
PERIGOSO	PERICULOS	[periku'los]
PERIGO	PERICOL	[pe'rikol]
ALTA TENSÃO	TENSIUNE ÎNALTĂ	[tensi'une i'naltə]
PROIBIDO NADAR	SCĂLDATUL INTERZIS!	[skəl'datul inter'zis]
AVARIADO	NU FUNCȚIONEAZĂ	[nu funktsio'nʲazə]
INFLAMÁVEL	INFLAMABIL	[infla'mabil]
PROIBIDO	INTERZIS	[inter'zis]
ENTRADA PROIBIDA	TRECEREA INTERZISĂ	['tretʃerʲa inter'zisə]
CUIDADO TINTA FRESCA	PROASPĂT VOPSIT	[pro'aspət vop'sit]

56. Transportes urbanos

autocarro (m)	autobuz (n)	[auto'buz]
elétrico (m)	tramvai (n)	[tram'vaj]
troleicarro (m)	troleibuz (n)	[trolej'buz]
itinerário (m)	rută (f)	['rutə]
número (m)	număr (n)	['numər]
ir de … (carro, etc.)	a merge cu …	[a 'merdʒe ku]
entrar (~ no autocarro)	a se urca	[a se ur'ka]
descer de …	a coborî	[a kobo'rɨ]

paragem (f)	stație (f)	['statsie]
próxima paragem (f)	stația (f) următoare	['statsija urməto'are]
ponto (m) final	ultima stație (f)	['ultima 'statsie]
horário (m)	orar (n)	[o'rar]
esperar (vt)	a aştepta	[a aʃtep'ta]
bilhete (m)	bilet (n)	[bi'let]
custo (m) do bilhete	costul (n) biletului	['kostul bi'letuluj]
bilheteiro (m)	casier (m)	[ka'sjer]
controlo (m) dos bilhetes	control (n)	[kon'trol]
revisor (m)	controlor (m)	[kontro'lor]
atrasar-se (vr)	a întârzia	[a intir'zija]
perder (o autocarro, etc.)	a pierde ...	[a 'pjerdə]
estar com pressa	a se grăbi	[a se grə'bi]
táxi (m)	taxi (n)	[ta'ksi]
taxista (m)	taximetrist (m)	[taksime'trist]
de táxi (ir ~)	cu taxiul	[ku ta'ksjul]
praça (f) de táxis	stație (f) de taxiuri	['statsie de ta'ksjur]
chamar um táxi	a chema un taxi	[a ke'ma un ta'ksi]
apanhar um táxi	a lua un taxi	[a lu'a un ta'ksi]
tráfego (m)	circulație (f) pe stradă	[tʃirku'latsie pe 'stradə]
engarrafamento (m)	ambuteiaj (n)	[ambute'jaʒ]
horas (f pl) de ponta	oră (f) de vârf	[orə de vɨrf]
estacionar (vi)	a se parca	[a se par'ka]
estacionar (vt)	a parca	[a par'ka]
parque (m) de estacionamento	parcare (f)	[par'kare]
metro (m)	metrou (n)	[me'trou]
estação (f)	stație (f)	['statsie]
ir de metro	a merge cu metroul	[a 'merdʒe ku me'troul]
comboio (m)	tren (n)	[tren]
estação (f)	gară (f)	['garə]

57. Turismo

monumento (m)	monument (n)	[monu'ment]
fortaleza (f)	cetate (f)	[tʃe'tate]
palácio (m)	palat (n)	[pa'lat]
castelo (m)	castel (n)	[kas'tel]
torre (f)	turn (n)	[turn]
mausoléu (m)	mausoleu (n)	[mawzo'leu]
arquitetura (f)	arhitectură (f)	[arhitek'turə]
medieval	medieval	[medie'val]
antigo	vechi	[vekʲ]
nacional	național	[natsio'nal]
conhecido	cunoscut	[kunos'kut]
turista (m)	turist (m)	[tu'rist]
guia (pessoa)	ghid (m)	[gid]

excursão (f)	excursie (f)	[eks'kursie]
mostrar (vt)	a arăta	[a arə'ta]
contar (vt)	a povesti	[a poves'ti]
encontrar (vt)	a găsi	[a gə'si]
perder-se (vr)	a se pierde	[a se 'pjerde]
mapa (~ do metrô)	schemă (f)	['skemə]
mapa (~ da cidade)	plan (m)	[plan]
lembrança (f), presente (m)	suvenir (n)	[suve'nir]
loja (f) de presentes	magazin (n) de suveniruri	[maga'zin de suve'nirurʲ]
fotografar (vt)	a fotografia	[a fotografi'ja]
fotografar-se	a se fotografia	[a se fotografi'ja]

58. Compras

comprar (vt)	a cumpăra	[a kumpə'ra]
compra (f)	cumpărătură (f)	[kumpərə'turə]
fazer compras	a face cumpărături	[a 'fatʃe kumpərə'turʲ]
compras (f pl)	shopping (n)	['ʃoping]
estar aberta (loja, etc.)	a fi deschis	[a fi des'kis]
estar fechada	a se închide	[a se ɨn'kide]
calçado (m)	încălțăminte (f)	[ɨnkəltsə'minte]
roupa (f)	haine (f pl)	['hajne]
cosméticos (m pl)	cosmetică (f)	[kos'metikə]
alimentos (m pl)	produse (n pl)	[pro'duse]
presente (m)	cadou (n)	[ka'dou]
vendedor (m)	vânzător (m)	[vɨnzə'tor]
vendedora (f)	vânzătoare (f)	[vɨnzəto'are]
caixa (f)	casă (f)	['kasə]
espelho (m)	oglindă (f)	[og'lində]
balcão (m)	tejghea (f)	[teʒ'gʲa]
cabine (f) de provas	cabină (f) de probă	[ka'binə de 'probə]
provar (vt)	a proba	[a pro'ba]
servir (vi)	a veni	[a ve'ni]
gostar (apreciar)	a plăcea	[a plə'tʃa]
preço (m)	preț (n)	[prets]
etiqueta (f) de preço	indicator (n) de prețuri	[indika'tor de 'pretsurʲ]
custar (vt)	a costa	[a kos'ta]
Quanto?	Cât?	[kɨt]
desconto (m)	reducere (f)	[re'dutʃere]
não caro	ieftin	['jeftin]
barato	ieftin	['jeftin]
caro	scump	[skump]
É caro	E scump	[e skump]
aluguer (m)	închiriere (f)	[ɨnkiri'ere]
alugar (vestidos, etc.)	a lua în chirie	[a lu'a ɨn ki'rie]

crédito (m)	credit (n)	['kredit]
a crédito	în credit	[in 'kredit]

59. Dinheiro

dinheiro (m)	bani (m pl)	[banʲ]
câmbio (m)	schimb (n)	[skimb]
taxa (f) de câmbio	curs (n)	[kurs]
Caixa Multibanco (m)	bancomat (n)	[banko'mat]
moeda (f)	monodă (f)	[mo'nedə]
dólar (m)	dolar (m)	[do'lar]
euro (m)	euro (m)	['euro]
lira (f)	liră (f)	['lirə]
marco (m)	marcă (f)	['markə]
franco (m)	franc (m)	[frank]
libra (f) esterlina	liră (f) sterlină	['lirə ster'linə]
iene (m)	yen (f)	['jen]
dívida (f)	datorie (f)	[dato'rie]
devedor (m)	datornic (m)	[da'tornik]
emprestar (vt)	a da cu împrumut	[a da ku impru'mut]
pedir emprestado	a lua cu împrumut	[a lu'a ku impru'mut]
banco (m)	bancă (f)	['bankə]
conta (f)	cont (n)	[kont]
depositar na conta	a pune în cont	[a 'pune in 'kont]
levantar (vt)	a scoate din cont	[a sko'ate din kont]
cartão (m) de crédito	carte (f) de credit	['karte de 'kredit]
dinheiro (m) vivo	numerar (n)	[nume'rar]
cheque (m)	cec (n)	[ʧek]
passar um cheque	a scrie un cec	[a 'skrie un ʧek]
livro (m) de cheques	carte (f) de cecuri	['karte de 'ʧekurʲ]
carteira (f)	portvizit (n)	[portvi'zit]
porta-moedas (m)	portofel (n)	[porto'fel]
cofre (m)	seif (n)	['sejf]
herdeiro (m)	moştenitor (m)	[moʃteni'tor]
herança (f)	moştenire (f)	[moʃte'nire]
fortuna (riqueza)	avere (f)	[a'vere]
arrendamento (m)	arendă (f)	[a'rendə]
renda (f) de casa	chirie (f)	[ki'rie]
alugar (vt)	a închiria	[a inkiri'ja]
preço (m)	preţ (n)	[prets]
custo (m)	valoare (f)	[valo'are]
soma (f)	sumă (f)	['sumə]
gastar (vt)	a cheltui	[a keltu'i]
gastos (m pl)	cheltuieli (f pl)	[keltu'elʲ]

economizar (vi)	a economisi	[a ekonomi'si]
económico	econom	[eko'nom]
pagar (vt)	a plăti	[a plə'ti]
pagamento (m)	plată (f)	['platə]
troco (m)	rest (n)	[rest]
imposto (m)	impozit (n)	[im'pozit]
multa (f)	amendă (f)	[a'mendə]
multar (vt)	a amenda	[a amen'da]

60. Correios. Serviço postal

correios (m pl)	poştă (f)	['poʃtə]
correio (m)	corespondenţă (f)	[korespon'dentsə]
carteiro (m)	poştaş (m)	[poʃ'taʃ]
horário (m)	ore (f pl) de lucru	['ore de 'lukru]
carta (f)	scrisoare (f)	[skriso'are]
carta (f) registada	scrisoare (f) recomandată	[skriso'are rekoman'datə]
postal (m)	carte (f) poştală	['karte poʃ'talə]
telegrama (m)	telegramă (f)	[tele'gramə]
encomenda (f) postal	colet (n)	[ko'let]
remessa (f) de dinheiro	mandat (n) poştal	[man'dat poʃ'tal]
receber (vt)	a primi	[a pri'mi]
enviar (vt)	a expedia	[a ekspedi'ja]
envio (m)	expediere (f)	[ekspe'djere]
endereço (m)	adresă (f)	[a'dresə]
código (m) postal	cod (n) poştal	[kod poʃ'tal]
remetente (m)	expeditor (m)	[ekspedi'tor]
destinatário (m)	destinatar (m)	[destina'tar]
nome (m)	prenume (n)	[pre'nume]
apelido (m)	nume (n)	['nume]
tarifa (f)	tarif (n)	[ta'rif]
ordinário	normal	[nor'mal]
económico	econom	[eko'nom]
peso (m)	greutate (f)	[greu'tate]
pesar (estabelecer o peso)	a cântări	[a kintə'ri]
envelope (m)	plic (n)	[plik]
selo (m)	timbru (n)	['timbru]
colar o selo	a lipi timbrul	[a li'pi 'timbrul]

Moradia. Casa. Lar

61. Casa. Eletricidade

eletricidade (f)	electricitate (f)	[elektritʃi'tate]
lâmpada (f)	bec (n)	[bek]
interruptor (m)	întrerupător (n)	[intrerupə'tor]
fusível (m)	siguranță (f)	[sigu'rantsə]
fio, cabo (m)	cablu (n)	['kablu]
instalação (f) elétrica	instalație (f) electrică	[insta'latsie e'lektrikə]
contador (m) de eletricidade	contor (n)	[kon'tor]
indicação (f), registo (m)	indicație (f)	[indi'katsie]

62. Moradia. Mansão

casa (f) de campo	casă (f) în afara localității	['kasə in a'fara lokali'tətsij]
vila (f)	vilă (f)	['vilə]
ala (~ do edifício)	aripă (f)	[a'ripə]
jardim (m)	grădină (f)	[grə'dinə]
parque (m)	parc (n)	[park]
estufa (f)	seră (f)	['serə]
cuidar de ...	a îngriji	[a ingri'ʒi]
piscina (f)	bazin (n)	[ba'zin]
ginásio (m)	sală (f) de sport	['salə de sport]
campo (m) de ténis	teren (n) de tenis	[te'ren de 'tenis]
cinema (m)	cinematograf (n)	[tʃinemato'graf]
garagem (f)	garaj (n)	[ga'raʒ]
propriedade (f) privada	proprietate (f) privată	[proprie'tate pri'vatə]
terreno (m) privado	proprietate (f) privată	[proprie'tate pri'vatə]
advertência (f)	avertizare (f)	[averti'zare]
sinal (m) de aviso	avertisment (n)	[avertis'ment]
guarda (f)	pază (f)	['pazə]
guarda (m)	paznic (m)	['paznik]
alarme (m)	alarmă (f)	[a'larmə]

63. Apartamento

apartamento (m)	apartament (n)	[aparta'ment]
quarto (m)	cameră (f)	['kamerə]
quarto (m) de dormir	dormitor (n)	[dormi'tor]

sala (f) de jantar	sufragerie (f)	[sufradʒe'rie]
sala (f) de estar	salon (n)	[sa'lon]
escritório (m)	cabinet (n)	[kabi'net]

antessala (f)	antreu (n)	[an'treu]
quarto (m) de banho	baie (f)	['bae]
toilette (lavabo)	toaletă (f)	[toa'letə]

teto (m)	pod (n)	[pod]
chão, soalho (m)	podea (f)	[po'dʲa]
canto (m)	colţ (n)	[kolts]

64. Mobiliário. Interior

mobiliário (m)	mobilă (f)	['mobilə]
mesa (f)	masă (f)	['masə]
cadeira (f)	scaun (n)	['skaun]
cama (f)	pat (n)	[pat]

| divã (m) | divan (n) | [di'van] |
| cadeirão (m) | fotoliu (n) | [fo'tolju] |

| estante (f) | dulap (n) de cărţi | [du'lap de kərts] |
| prateleira (f) | raft (n) | [raft] |

guarda-vestidos (m)	dulap (n) de haine	[du'lap de 'hajne]
cabide (m) de parede	cuier (n) perete	[ku'jer pe'rete]
cabide (m) de pé	cuier (n) pom	[ku'jer pom]

| cómoda (f) | comodă (f) | [ko'modə] |
| mesinha (f) de centro | măsuţă (f) | [mə'sutsə] |

espelho (m)	oglindă (f)	[og'lində]
tapete (m)	covor (n)	[ko'vor]
tapete (m) pequeno	carpetă (f)	[kar'petə]

lareira (f)	şemineu (n)	[ʃəmi'neu]
vela (f)	lumânare (f)	[lumi'nare]
castiçal (m)	sfeşnic (n)	['sfeʃnik]

cortinas (f pl)	draperii (f pl)	[drape'rij]
papel (m) de parede	tapet (n)	[ta'pet]
estores (f pl)	jaluzele (f pl)	[ʒalu'zele]

| candeeiro (m) de mesa | lampă (f) de birou | ['lampə de bi'rou] |
| candeeiro (m) de parede | lampă (f) | ['lampə] |

| candeeiro (m) de pé | lampă (f) cu picior | ['lampə ku pi'tʃior] |
| lustre (m) | lustră (f) | ['lustrə] |

pé (de mesa, etc.)	picior (n)	[pi'tʃior]
braço (m)	braţ (n) la fotoliu	['brats la fo'tolju]
costas (f pl)	spătar (n)	[spə'tar]
gaveta (f)	sertar (n)	[ser'tar]

65. Quarto de dormir

roupa (f) de cama	lenjerie (f)	[lenʒe'rie]
almofada (f)	pernă (f)	['pernə]
fronha (f)	față (f) de pernă	['fatsə de 'pernə]
cobertor (m)	plapumă (f)	['plapumə]
lençol (m)	cearşaf (n)	[tʃar'ʃaf]
colcha (f)	pătură (f)	[pəturə]

66. Cozinha

cozinha (f)	bucătărie (f)	[bukətə'rie]
gás (m)	gaz (n)	[gaz]
fogão (m) a gás	aragaz (n)	[ara'gaz]
fogão (m) elétrico	plită (f) electrică	['plitə e'lektrikə]
forno (m)	cuptor (n)	[kup'tor]
forno (m) de micro-ondas	cuptor (n) cu microunde	[kup'tor ku mikro'unde]
frigorífico (m)	frigider (n)	[fridʒi'der]
congelador (m)	congelator (n)	[kondʒela'tor]
máquina (f) de lavar louça	maşină (f) de spălat vase	[ma'ʃinə de spə'lat 'vase]
moedor (m) de carne	maşină (f) de tocat carne	[ma'ʃinə de to'kat 'karne]
espremedor (m)	storcător (n)	[storkə'tor]
torradeira (f)	prăjitor (n) de pâine	[prəʒi'tor de 'pɨne]
batedeira (f)	mixer (n)	['mikser]
máquina (f) de café	fierbător (n) de cafea	[fierbə'tor de ka'fʲa]
cafeteira (f)	ibric (n)	[i'brik]
moinho (m) de café	râşniță (f) de cafea	['riʃnitsə de ka'fʲa]
chaleira (f)	ceainic (n)	['tʃajnik]
bule (m)	ceainic (n)	['tʃajnik]
tampa (f)	capac (n)	[ka'pak]
coador (m) de chá	strecurătoare (f)	[strekurəto'are]
colher (f)	lingură (f)	['lingurə]
colher (f) de chá	linguriță (f) de ceai	[lingu'ritsə de tʃaj]
colher (f) de sopa	lingură (f)	['lingurə]
garfo (m)	furculiță (f)	[furku'litsə]
faca (f)	cuțit (n)	[ku'tsit]
louça (f)	vase (n pl)	['vase]
prato (m)	farfurie (f)	[farfu'rie]
pires (m)	farfurioară (f)	[farfurio'arə]
cálice (m)	păhărel (n)	[pəhə'rel]
copo (m)	pahar (n)	[pa'har]
chávena (f)	ceaşcă (f)	['tʃaʃkə]
açucareiro (m)	zaharniță (f)	[za'harnitsə]
saleiro (m)	solniță (f)	['solnitsə]
pimenteiro (m)	piperniță (f)	[pi'pernitsə]

manteigueira (f)	untieră (f)	[un'tjerə]
panela, caçarola (f)	cratiță (f)	['kratitsə]
frigideira (f)	tigaie (f)	[ti'gae]
concha (f)	polonic (n)	[polo'nik]
passador (m)	strecurătoare (f)	[strekurəto'are]
bandeja (f)	tavă (f)	['tavə]
garrafa (f)	sticlă (f)	['stiklə]
boião (m) de vidro	borcan (n)	[bor'kan]
lata (f)	cutie (f)	[ku'tie]
abre-garrafas (m)	deschizător (n) de sticle	[deskizə'tor de 'stiklə]
abre-latas (m)	deschizător (n) de conserve	[deskizə'tor de kon'servə]
saca-rolhas (m)	tirbușon (n)	[tirbu'ʃon]
filtro (m)	filtru (n)	['filtru]
filtrar (vt)	a filtra	[a fil'tra]
lixo (m)	gunoi (n)	[gu'noj]
balde (m) do lixo	coș (n) de gunoi	[koʃ de gu'noj]

67. Casa de banho

quarto (m) de banho	baie (f)	['bae]
água (f)	apă (f)	['apə]
torneira (f)	robinet (n)	[robi'net]
água (f) quente	apă (f) fierbinte	['apə fjer'binte]
água (f) fria	apă (f) rece	['apə 'retʃe]
pasta (f) de dentes	pastă (f) de dinți	['pastə de dintsʲ]
escovar os dentes	a se spăla pe dinți	[a se spə'la pe dintsʲ]
barbear-se (vr)	a se bărbieri	[a se bərbie'ri]
espuma (f) de barbear	spumă de ras	['spumə de 'ras]
máquina (f) de barbear	brici (n)	['britʃi]
lavar (vt)	a spăla	[a spə'la]
lavar-se (vr)	a se spăla	[a se spə'la]
duche (m)	duș (n)	[duʃ]
tomar um duche	a face duș	[a 'fatʃe duʃ]
banheira (f)	cadă (f)	['kadə]
sanita (f)	closet (n)	[klo'set]
lavatório (m)	chiuvetă (f)	[kju'vetə]
sabonete (m)	săpun (n)	[sə'pun]
saboneteira (f)	săpunieră (f)	[səpu'njerə]
esponja (f)	burete (n)	[bu'rete]
champô (m)	șampon (n)	[ʃam'pon]
toalha (f)	prosop (n)	[pro'sop]
roupão (m) de banho	halat (n)	[ha'lat]
lavagem (f)	spălat (n)	[spə'lat]
máquina (f) de lavar	mașină (f) de spălat	[ma'ʃinə de spə'lat]

| lavar a roupa | a spăla haine | [a spə'la 'hajne] |
| detergente (m) | detergent (n) | [deter'dʒent] |

68. Eletrodomésticos

televisor (m)	televizor (n)	[televi'zor]
gravador (m)	casetofon (n)	[kaseto'fon]
videogravador (m)	videomagnetofon (n)	[videomagneto'fon]
rádio (m)	aparat (n) de radio	[apa'rat de 'radio]
leitor (m)	CD player (n)	[si'di 'pleer]

projetor (m)	proiector (n) video	[proek'tor 'video]
cinema (m) em casa	sistem (n) home cinema	[sis'tem 'houm 'sinema]
leitor (m) de DVD	DVD-player (n)	[divi'di 'pleer]
amplificador (m)	amplificator (n)	[amplifi'kator]
console (f) de jogos	consolă (f) de jocuri	[kon'solə de 'ʒokurʲ]

câmara (f) de vídeo	cameră (f) video	['kamerə 'video]
máquina (f) fotográfica	aparat (n) foto	[apa'rat 'foto]
câmara (f) digital	aparat (n) foto digital	[apa'rat 'foto didʒi'tal]

aspirador (m)	aspirator (n)	[aspira'tor]
ferro (m) de engomar	fier (n) de călcat	[fier de kəl'kat]
tábua (f) de engomar	masă (f) de călcat	['masə de kəl'kat]

telefone (m)	telefon (n)	[tele'fon]
telemóvel (m)	telefon (n) mobil	[tele'fon mo'bil]
máquina (f) de escrever	mașină (f) de scris	[ma'ʃinə de skris]
máquina (f) de costura	mașină (f) de cusut	[ma'ʃine de ku'sut]

microfone (m)	microfon (n)	[mikro'fon]
auscultadores (m pl)	căști (f pl)	[kəʃtʲ]
controlo remoto (m)	telecomandă (f)	[teleko'mandə]

CD (m)	CD (n)	[si'di]
cassete (f)	casetă (f)	[ka'setə]
disco (m) de vinil	placă (f)	['plakə]

ATIVIDADES HUMANAS

Emprego. Negócios. Parte 1

69. Escritório. O trabalho no escritório

escritório (~ de advogados)	oficiu (n)	[o'fitʃiu]
escritório (do diretor, etc.)	cabinet (n)	[kabi'net]
receção (f)	recepție (f)	[re'tʃeptsie]
secretário (m)	secretar (m)	[sekre'tar]
diretor (m)	director (m)	[di'rektor]
gerente (m)	manager (m)	['menedʒə]
contabilista (m)	contabil (f)	[kon'tabil]
empregado (m)	colaborator (m)	[kolabora'tor]
mobiliário (m)	mobilă (f)	['mobilə]
mesa (f)	masă (f)	['masə]
cadeira (f)	fotoliu (n)	[fo'tolju]
bloco (m) de gavetas	noptieră (f)	[nop'tjerə]
cabide (m) de pé	cuier (n) pom	[ku'jer pom]
computador (m)	calculator (n)	[kalkula'tor]
impressora (f)	imprimantă (f)	[impri'mantə]
fax (m)	fax (n)	[faks]
fotocopiadora (f)	copiator (n)	[kopia'tor]
papel (m)	hârtie (f)	[hir'tie]
artigos (m pl) de escritório	rechizite (n pl) de birou	[reki'zite de bi'rou]
tapete (m) de rato	pad (n)	[pad], [pəd]
folha (f) de papel	foaie (f)	[fo'ae]
pasta (f)	mapă (f)	['mapə]
catálogo (m)	catalog (n)	[kata'log]
diretório (f) telefónico	îndrumar (n)	[indru'mar]
documentação (f)	documentație (f)	[dokumen'tatsie]
brochura (f)	broșură (f)	[bro'ʃurə]
flyer (m)	foaie (f)	[fo'ae]
amostra (f)	model (n)	[mo'del]
formação (f)	trening (n)	['trening]
reunião (f)	ședință (f)	[ʃe'dintsə]
hora (f) de almoço	pauză (f) de prânz	['pauze de 'prinz]
fazer uma cópia	a face copie	[a 'fatʃe 'kopie]
tirar cópias	a multiplica	[a multipli'ka]
receber um fax	a primi fax	[a pri'mi 'faks]
enviar um fax	a trimite fax	[a tri'mite 'faks]
fazer uma chamada	a suna	[a su'na]

responder (vt)	a răspunde	[a rəs'punde]
passar (vt)	a face legătura	[a 'fatʃe legə'tura]
marcar (vt)	a stabili	[a stabi'li]
demonstrar (vt)	a demonstra	[a demonst'ra]
estar ausente	a lipsi	[a lip'si]
ausência (f)	lipsă (f)	['lipsə]

70. Processos negociais. Parte 1

ocupação (f)	ocupație (f)	[oku'patsie]
firma, empresa (f)	firmă (f)	['firmə]
companhia (f)	companie (f)	[kompa'nie]
corporação (f)	corporație (f)	[korpo'ratsie]
empresa (f)	întreprindere (f)	[intre'prindere]
agência (f)	agenție (f)	[adʒen'tsie]
acordo (documento)	acord (n)	[a'kord]
contrato (m)	contract (n)	[kon'trakt]
acordo (transação)	afacere (f)	[a'fatʃere]
encomenda (f)	comandă (f)	[ko'mandə]
cláusulas (f pl), termos (m pl)	condiție (f)	[kon'ditsie]
por grosso (adv)	en-gros	[an'gro]
por grosso (adj)	en-gros	[an'gro]
venda (f) por grosso	vânzare (f) en-gros	[vin'zare an'gro]
a retalho	cu bucata	[ku bu'kata]
venda (f) a retalho	vânzare (f) cu bucata	[vin'zare ku bu'kata]
concorrente (m)	concurent (m)	[konku'rent]
concorrência (f)	concurență (f)	[konku'rentsə]
competir (vi)	a concura	[a konku'ra]
sócio (m)	partener (m)	[parte'ner]
parceria (f)	parteneriat (n)	[parteneri'at]
crise (f)	criză (f)	['krizə]
bancarrota (f)	faliment (n)	[fali'ment]
entrar em falência	a da faliment	[a da fali'ment]
dificuldade (f)	dificultate (f)	[difikul'tate]
problema (m)	problemă (f)	[pro'blemə]
catástrofe (f)	catastrofă (f)	[katas'trofə]
economia (f)	economie (f)	[ekono'mie]
económico	economic	[eko'nomik]
recessão (f) económica	scădere (f) economică	[skə'dere eko'nomikə]
objetivo (m)	scop (n)	[skop]
tarefa (f)	obiectiv (n)	[objek'tiv]
comerciar (vi, vt)	a face comerț	[a 'fatʃe ko'merts]
rede (de distribuição)	rețea (f)	[re'tsʲa]
estoque (m)	depozit (n)	[de'pozit]
sortimento (m)	sortiment (n)	[sorti'ment]

líder (m)	lider (m)	['lider]
grande (~ empresa)	mare	['mare]
monopólio (m)	monopol (n)	[mono'pol]
teoria (f)	teorie (f)	[teo'rie]
prática (f)	practică (f)	['praktikə]
experiência (falar por ~)	experienţă (f)	[ekspe'rjentsə]
tendência (f)	tendinţă (f)	[ten'dintsə]
desenvolvimento (m)	dezvoltare (f)	[dezvol'tare]

71. Processos negociais. Parte 2

rentabilidade (f)	profit (n)	[pro'fit]
rentável	profitabil	[profi'tabil]
delegação (f)	delegaţie (f)	[dele'gatsie]
salário, ordenado (m)	salariu (n)	[sa'larju]
corrigir (um erro)	a corecta	[a korek'ta]
viagem (f) de negócios	deplasare (f)	[depla'sare]
comissão (f)	comisie (f)	[ko'misie]
controlar (vt)	a controla	[a kontro'la]
conferência (f)	conferinţă (f)	[konfe'rintsə]
licença (f)	licenţă (f)	[li'tʃentsə]
confiável	de încredere	[de in'kredere]
empreendimento (m)	început (n)	[intʃe'put]
norma (f)	normă (f)	['normə]
circunstância (f)	circumstanţă (f)	[tʃirkum'stantsə]
dever (m)	obligaţie (f)	[obli'gatsie]
empresa (f)	organizaţie (f)	[organi'zatsie]
organização (f)	organizare (f)	[organi'zare]
organizado	organizat	[organi'zat]
anulação (f)	contramandare (f)	[kontraman'dare]
anular, cancelar (vt)	a anula	[a anu'la]
relatório (m)	raport (n)	[ra'port]
patente (f)	brevet (f)	[bre'vet]
patentear (vt)	a breveta	[a breve'ta]
planear (vt)	a planifica	[a planifi'ka]
prémio (m)	primă (f)	['primə]
profissional	profesional	[profesio'nal]
procedimento (m)	procedură (f)	[protʃe'durə]
examinar (a questão)	a examina	[a ekzami'na]
cálculo (m)	calcul (n)	['kalkul]
reputação (f)	reputaţie (f)	[repu'tatsie]
risco (m)	risc (n)	[risk]
dirigir (~ uma empresa)	a conduce	[a kon'dutʃe]
informação (f)	informaţii (f pl)	[infor'matsij]
propriedade (f)	proprietate (f)	[proprie'tate]

união (f)	alianță (f)	[ali'antsə]
seguro (m) de vida	asigurare (f) de viață	[asigu'rare de 'vjatsə]
fazer um seguro	a asigura	[a asigu'ra]
seguro (m)	asigurare (f)	[asigu'rare]
leilão (m)	licitație (f)	[litʃi'tatsie]
notificar (vt)	a înştiința	[a inʃtiin'tsa]
gestão (f)	conducere (f)	[kon'dutʃere]
serviço (indústria de ~s)	serviciu (n)	[ser'vitʃiu]
fórum (m)	for (n)	[for]
funcionar (vi)	a funcționa	[a funktsio'na]
estágio (m)	etapă (f)	[e'tapə]
jurídico	juridic	[ʒu'ridik]
jurista (m)	jurist (m)	[ʒu'rist]

72. Produção. Trabalhos

usina (f)	uzină (f)	[u'zinə]
fábrica (f)	fabrică (f)	['fabrikə]
oficina (f)	atelier (n)	[ate'ljer]
local (m) de produção	fabricație (f)	[fabri'katsie]
indústria (f)	industrie (f)	[in'dustrie]
industrial	industrial	[industri'al]
indústria (f) pesada	industrie (f) grea	[in'dustrie grʲa]
indústria (f) ligeira	industrie (f) uşoară	[in'dustrie uʃo'arə]
produção (f)	producție (f)	[pro'duktsie]
produzir (vt)	a produce	[a pro'dutʃe]
matérias-primas (f pl)	materie (f) primă	[ma'terie 'primə]
chefe (m) de brigada	şef (m) de brigadă	[ʃef de bri'gadə]
brigada (f)	brigadă (f)	[bri'gadə]
operário (m)	muncitor (m)	[muntʃi'tor]
dia (m) de trabalho	zi (f) lucrătoare	['zi lukrəto'are]
pausa (f)	pauză (f)	['pauzə]
reunião (f)	adunare (f)	[adu'nare]
discutir (vt)	a discuta	[a disku'ta]
plano (m)	plan (n)	[plan]
cumprir o plano	a îndeplini planul	[a indepli'ni 'planul]
taxa (f) de produção	normă (f)	['normə]
qualidade (f)	calitate (f)	[kali'tate]
controlo (m)	control (n)	[kon'trol]
controlo (m) da qualidade	controlul (n) calității	[kon'trolul kali'təsij]
segurança (f) no trabalho	protecția (f) muncii	[pro'tektsija 'muntʃij]
disciplina (f)	disciplină (f)	[distʃi'plinə]
infração (f)	încălcare (f)	[inkəl'kare]
violar (as regras)	a încălca	[a inkəl'ka]
greve (f)	grevă (f)	['grevə]
grevista (m)	grevist (m)	[gre'vist]

estar em greve	a face grevă	[a 'fatʃe 'grevə]
sindicato (m)	sindicat (n)	[sindi'kat]
inventar (vt)	a inventa	[a inven'ta]
invenção (f)	invenție (f)	[in'ventsie]
pesquisa (f)	cercetare (f)	[tʃertʃe'tare]
melhorar (vt)	a îmbunătăți	[a imbunətə'tsi]
tecnologia (f)	tehnologie (f)	[tehnolo'dʒie]
desenho (m) técnico	plan (n)	[plan]
carga (f)	încărcătură (f)	[inkərkə'turə]
carregador (m)	hamal (m)	[ha'mal]
carregar (vt)	a încărca	[a inkər'ka]
carregamento (m)	încărcătură (f)	[inkərkə'turə]
descarregar (vt)	a descărca	[a deskər'ka]
descarga (f)	descărcare (f)	[deskər'kare]
transporte (m)	transport (n)	[trans'port]
companhia (f) de transporte	companie (f) de transport	[kompa'nie de trans'port]
transportar (vt)	a transporta	[a transpor'ta]
vagão (m) de carga	vagon (n) marfar	[va'gon mar'far]
cisterna (f)	cisternă (f)	[tʃis'ternə]
camião (m)	autocamion (n)	[autoka'mjon]
máquina-ferramenta (f)	mașină-unealtă (f)	[ma'ʃinə u'nʲaltə]
mecanismo (m)	mecanism (n)	[meka'nizm]
resíduos (m pl) industriais	deșeuri (n pl)	[de'ʃeurʲ]
embalagem (f)	ambalare (f)	[amba'lare]
embalar (vt)	a ambala	[a amba'la]

73. Contrato. Acordo

contrato (m)	contract (n)	[kon'trakt]
acordo (m)	contract (f)	[kon'trakt]
adenda (f), anexo (m)	anexă (f)	[a'neksə]
assinar o contrato	a încheia un contract	[a inke'ja un kon'trakt]
assinatura (f)	semnătură (f)	[semnə'turə]
assinar (vt)	a semna	[a sem'na]
carimbo (m)	ștampilă (f)	[ʃtam'pilə]
objeto (m) do contrato	obiectul (n) contractului	[o'bjektul kon'traktuluj]
cláusula (f)	paragraf (n)	[para'graf]
partes (f pl)	părți (f pl)	[pərtsʲ]
morada (f) jurídica	adresă (f) juridică	[a'dresə ʒu'ridikə]
violar o contrato	a încălca contractul	[a inkəl'ka kon'traktul]
obrigação (f)	obligație (f)	[obli'gatsie]
responsabilidade (f)	răspundere (f)	[rəs'pundere]
força (f) maior	forțe (f pl) majore	['fortse ma'ʒore]
litígio (m), disputa (f)	dispută (f)	[dis'putə]
multas (f pl)	sancțiuni (f pl)	[sanktsi'unʲ]

74. Importação & Exportação

importação (f)	**import** (n)	[im'port]
importador (m)	**importator** (m)	[importa'tor]
importar (vt)	**a importa**	[a impor'ta]
de importação	**din import**	[din im'port]
exportador (m)	**exportator** (m)	[eksporta'tor]
exportar (vt)	**a exporta**	[a ekspor'ta]
mercadoria (f)	**marfă** (f)	['marfə]
lote (de mercadorias)	**lot** (n)	[lot]
peso (m)	**greutate** (f)	[greu'tate]
volume (m)	**volum** (n)	[vo'lum]
metro (m) cúbico	**metru** (m) **cub**	['metru 'kub]
produtor (m)	**producător** (m)	[produkə'tor]
companhia (f) de transporte	**companie** (f) **de transport**	[kompa'nie de trans'port]
contentor (m)	**container** (m)	[kon'tajner]
fronteira (f)	**graniță** (f)	['granitsə]
alfândega (f)	**vamă** (f)	['vamə]
taxa (f) alfandegária	**taxă** (f) **vamală**	['taksə va'malə]
funcionário (m) da alfândega	**vameş** (m)	['vameʃ]
contrabando (atividade)	**contrabandă** (f)	[kontra'bandə]
contrabando (produtos)	**contrabandă** (f)	[kontra'bandə]

75. Finanças

ação (f)	**acțiune** (f)	[aktsi'une]
obrigação (f)	**obligație** (f)	[obli'gatsie]
nota (f) promissória	**poliță** (f)	['politsə]
bolsa (f)	**bursă** (f)	['bursə]
cotação (m) das ações	**cursul** (n) **acțiunii**	['kursul aktsi'unij]
tornar-se mais barato	**a se ieftini**	[a se efti'ni]
tornar-se mais caro	**a se scumpi**	[a se skum'pi]
participação (f) maioritária	**pachet** (n) **de control**	[pa'ket de kon'trol]
investimento (m)	**investiții** (f pl)	[inves'titsij]
investir (vt)	**a investi**	[a inves'ti]
percentagem (f)	**procent** (n)	[pro'tʃent]
juros (m pl)	**dobândă** (f)	[do'bində]
lucro (m)	**profit** (n)	[pro'fit]
lucrativo	**profitabil**	[profi'tabil]
imposto (m)	**impozit** (n)	[im'pozit]
divisa (f)	**valută** (f)	[va'lutə]
nacional	**național**	[natsio'nal]
câmbio (m)	**schimb** (n)	[skimb]

contabilista (m)	contabil (m)	[kon'tabil]
contabilidade (f)	contabilitate (f)	[kontabili'tate]
bancarrota (f)	faliment (n)	[fali'ment]
falência (f)	faliment (n)	[fali'ment]
ruína (f)	faliment (n)	[fali'ment]
arruinar-se (vr)	a falimenta	[a falimen'ta]
inflação (f)	inflaţie (f)	[in'flatsie]
desvalorização (f)	devalorizare (f)	[devalori'zare]
capital (m)	capital (n)	[kapi'tal]
rendimento (m)	venit (n)	[ve'nit]
volume (m) de negócios	rotaţie (f)	[ro'tatsie]
recursos (m pl)	resurse (f pl)	[re'surse]
recursos (m pl) financeiros	mijloace (n pl) băneşti	[miʒlo'atʃe bə'neʃtʲ]
reduzir (vt)	a reduce	[a re'dutʃe]

76. Marketing

marketing (m)	marketing (n)	['marketing]
mercado (m)	piaţă (f)	['pjatsə]
segmento (m) do mercado	segment (n) de piaţă	[seg'ment de 'pjatsə]
produto (m)	produs (n)	[pro'dus]
mercadoria (f)	marfă (f)	['marfə]
marca (f)	marcă (f)	['markə]
marca (f) comercial	marcă (f) comercială	['markə komertʃi'alə]
logotipo (m)	logotip (n)	[logo'tip]
logo (m)	logo (m)	['logo]
demanda (f)	cerere (f)	['tʃerere]
oferta (f)	ofertă (f)	[o'fertə]
necessidade (f)	necesitate (f)	[netʃesi'tate]
consumidor (m)	consumator (m)	[konsu'mator]
análise (f)	analiză (f)	[ana'lizə]
analisar (vt)	a analiza	[a anali'za]
posicionamento (m)	poziţionare (f)	[pozitsio'nare]
posicionar (vt)	a poziţiona	[a pozitsio'na]
preço (m)	preţ (n)	[prets]
política (f) de preços	politica (f) preţurilor	[po'litika 'pretsurilor]
formação (f) de preços	stabilirea (f) preţurilor	[stabi'lirʲa 'pretsurilor]

77. Publicidade

publicidade (f)	reclamă (f)	[re'klamə]
publicitar (vt)	a face reclamă	[a 'fatʃe re'klamə]
orçamento (m)	buget (n)	[bu'dʒet]
anúncio (m) publicitário	reclamă (f)	[re'klamə]
publicidade (f) televisiva	publicitate (f) TV	[publitʃi'tate te've]

publicidade (f) na rádio	publicitate (f) radio	[publitʃi'tate 'radio]
publicidade (f) exterior	reclamă (f) exterioară	[re'klamə eksterio'arə]
comunicação (f) de massa	mass-media (f)	['mas 'media]
periódico (m)	ediție (f) periodică	[e'diʦie peri'odikə]
imagem (f)	imagine (f)	[i'madʒine]
slogan (m)	lozincă (f)	[lo'zinkə]
mote (m), divisa (f)	deviză (f)	[de'vizə]
campanha (f)	campanie (f)	[kam'panie]
companha (f) publicitária	campanie (f) publicitară	[kam'panie publitʃi'tarə]
grupo (m) alvo	grup (n) țintă	[grup 'ʦintə]
cartão (m) de visita	carte (f) de vizită	['karte de 'vizitə]
flyer (m)	foaie (f)	[fo'ae]
brochura (f)	broşură (f)	[bro'ʃurə]
folheto (m)	pliant (n)	[pli'ant]
boletim (~ informativo)	buletin (n)	[bule'tin]
letreiro (m)	firmă (f)	['firmə]
cartaz, póster (m)	afiş (n)	[a'fiʃ]
painel (m) publicitário	panou (n)	[pa'nou]

78. Banca

banco (m)	bancă (f)	['bankə]
sucursal, balcão (f)	sucursală (f)	[sukur'salə]
consultor (m)	consultant (m)	[konsul'tant]
gerente (m)	director (m)	[di'rektor]
conta (f)	cont (n)	[kont]
número (m) da conta	numărul (n) contului	['numərul 'kontuluj]
conta (f) corrente	cont (n) curent	[kont ku'rent]
conta (f) poupança	cont (n) de acumulare	[kont de akumu'lare]
abrir uma conta	a deschide un cont	[a des'kide un kont]
fechar uma conta	a închide contul	[a i'nkide 'kontul]
depositar na conta	a pune în cont	[a 'pune in 'kont]
levantar (vt)	a extrage din cont	[a eks'tradʒe din kont]
depósito (m)	depozit (n)	[de'pozit]
fazer um depósito	a depune	[a de'pune]
transferência (f) bancária	transfer (n)	[trans'fer]
transferir (vt)	a transfera	[a transfe'ra]
soma (f)	sumă (f)	['sumə]
Quanto?	Cât?	[kit]
assinatura (f)	semnătură (f)	[semnə'turə]
assinar (vt)	a semna	[a sem'na]
cartão (m) de crédito	carte (f) de credit	['karte de 'kredit]
código (m)	cod (n)	[kod]

número (m) do cartão de crédito	numărul (n) cărţii de credit	['numərul kərtsij de 'kredit]
Caixa Multibanco (m)	bancomat (n)	[banko'mat]
cheque (m)	cec (n)	[tʃek]
passar um cheque	a scrie un cec	[a 'skrie un tʃek]
livro (m) de cheques	carte (f) de cecuri	['karte de 'tʃekurʲ]
empréstimo (m)	credit (n)	['kredit]
pedir um empréstimo	a solicita un credit	[a solitʃi'ta pe 'kredit]
obter um empréstimo	a lua pe credit	[a lu'a pe 'kredit]
conceder um empréstimo	a acorda credit	[a akor'da 'kredit]
garantia (f)	garanţie (f)	[garan'tsie]

79. Telefone. Conversação telefónica

telefone (m)	telefon (n)	[tele'fon]
telemóvel (m)	telefon (n) mobil	[tele'fon mo'bil]
secretária (f) electrónica	răspuns (n) automat	[rəs'puns auto'mat]
fazer uma chamada	a suna, a telefona	[a su'na], [a tele'fona]
chamada (f)	apel (n), convorbire (f)	[a'pel], [konvor'bire]
marcar um número	a forma un număr	[a for'ma un 'numər]
Alô!	Alo!	[a'lo]
perguntar (vt)	a întreba	[a intre'ba]
responder (vt)	a răspunde	[a rəs'punde]
ouvir (vt)	a auzi	[a au'zi]
bem	bine	['bine]
mal	rău	['rəu]
ruído (m)	bruiaj (n)	[bru'jaʒ]
auscultador (m)	receptor (n)	[retʃep'tor]
pegar o telefone	a lua receptorul	[a lu'a retʃep'torul]
desligar (vi)	a pune receptorul	[a 'pune retʃep'torul]
ocupado	ocupat	[oku'pat]
tocar (vi)	a suna	[a su'na]
lista (f) telefónica	carte (f) de telefon	['karte de tele'fon]
local	local	[lo'kal]
chamada (f) local	apel (n) local	[a'pel lo'kal]
de longa distância	interurban	[interur'ban]
chamada (f) de longa distância	apel (n) interurban	[a'pel interur'ban]
internacional	internaţional	[internatsio'nal]
chamada (f) internacional	apel (n) internaţional	[a'pel internatsio'nal]

80. Telefone móvel

telemóvel (m)	telefon (n) mobil	[tele'fon mo'bil]
ecrã (m)	ecran (n)	[e'kran]

botão (m)	buton (n)	[bu'ton]
cartão SIM (m)	cartelă (f) SIM	[kar'telə 'sim]
bateria (f)	baterie (f)	[bate'rie]
descarregar-se	a se descărca	[a se deskər'ka]
carregador (m)	încărcător (m)	[inkərkə'tor]
menu (m)	meniu (n)	[me'nju]
definições (f pl)	setări (f)	[se'tərʲ]
melodia (f)	melodie (f)	[melo'die]
escolher (vt)	a selecta	[a selek'ta]
calculadora (f)	calculator (n)	[kalkula'tor]
correio (m) de voz	răspuns (n) automat	[rəs'puns auto'mat]
despertador (m)	ceas (n) deşteptător	[tʃas deʃteptə'tor]
contatos (m pl)	carte (f) de telefoane	['karte de telefo'ane]
mensagem (f) de texto	SMS (n)	[ese'mes]
assinante (m)	abonat (m)	[abo'nat]

81. Estacionário

caneta (f)	stilou (n)	[sti'lou]
caneta (f) tinteiro	condei (n)	[kon'dej]
lápis (m)	creion (n)	[kre'jon]
marcador (m)	marcher (n)	['marker]
caneta (f) de feltro	carioca (f)	[kari'okə]
bloco (m) de notas	carneţel (n)	[karnə'tsəl]
agenda (f)	agendă (f)	[a'dʒendə]
régua (f)	riglă (f)	['riglə]
calculadora (f)	calculator (f)	[kalkula'tor]
borracha (f)	radieră (f)	[radi'erə]
pionés (m)	piuneză (f)	[pju'nezə]
clipe (m)	clamă (f)	['klamə]
cola (f)	lipici (n)	[li'pitʃi]
agrafador (m)	capsator (n)	[kapsa'tor]
furador (m)	perforator (n)	[perfo'rator]
afia-lápis (m)	ascuţitoare (f)	[askutsito'are]

82. Tipos de negócios

serviços (m pl) de contabilidade	servicii (n pl) de contabilitate	[ser'vitʃij de kontabili'tate]
publicidade (f)	reclamă (f)	[re'klamə]
agência (f) de publicidade	agenţie (f) de reclamă	[adʒen'tsie de re'klamə]
ar (m) condicionado	ventilator (n)	[ventila'tor]
companhia (f) aérea	companie (f) aeriană	[kompa'nie aeri'anə]
bebidas (f pl) alcoólicas	băuturi (f pl) alcoolice	[bəu'turʲ alko'olitʃe]

comércio (m) de antiguidades	anticariat (n)	[antikari'at]
galeria (f) de arte	galerie (f)	[gale'rie]
serviços (m pl) de auditoria	servicii (n pl) de audit	[ser'vitʃij de au'dit]

negócios (m pl) bancários	afacere (f) bancară	[a'fatʃere ba'nkarə]
bar (m)	bar (n)	[bar]
salão (m) de beleza	salon (n) de frumuseţe	[sa'lon de frumu'setse]
livraria (f)	librărie (f)	[librə'rie]
cervejaria (f)	fabricarea (f) berii	[fabri'karʲa 'berij]
centro (m) de escritórios	centru (n) de afaceri	['tʃentru de a'fatʃerʲ]
escola (f) de negócios	şcoală (f) de afaceri	[ʃko'alə de a'fatʃerʲ]

casino (m)	cazinou (n)	[kazi'nou]
construção (f)	construcţie (f)	[kon'struktsie]
serviços (m pl) de consultoria	consulting (n)	[kon'salting]

estomatologia (f)	stomatologie (f)	[stomatolo'dʒie]
design (m)	design (n)	[di'zajn]
farmácia (f)	farmacie (f)	[farma'tʃie]
lavandaria (f)	curăţătorie (f) chimică	[kurətseto'rie 'kimikə]
agência (f) de emprego	agenţie (f) de cadre	[adʒen'tsie de 'kadre]

serviços (m pl) financeiros	servicii (n pl) financiare	[ser'vitʃij finantʃi'are]
alimentos (m pl)	produse (n pl) alimentare	[pro'duse alimen'tare]
agência (f) funerária	pompe (f pl) funebre	['pompe fu'nebre]
mobiliário (m)	mobilă (f)	['mobilə]
roupa (f)	haine (f pl)	['hajne]
hotel (m)	hotel (n)	[ho'tel]

gelado (m)	îngheţată (f)	[inge'tsatə]
indústria (f)	industrie (f)	[in'dustrie]
seguro (m)	asigurare (f) medicală	[asigu'rare medi'kalə]
internet (f)	internet (n)	[inter'net]
investimento (m)	investiţii (f pl)	[inves'titsij]

joalheiro (m)	bijutier (m)	[biʒu'tjer]
joias (f pl)	bijuterii (f pl)	[biʒute'rij]
lavandaria (f)	spălătorie (f)	[spələto'rie]
serviços (m pl) jurídicos	servicii (n pl) juridice	[ser'vitʃij ʒu'riditʃe]
indústria (f) ligeira	industrie (f) uşoară	[in'dustrie uʃo'arə]

revista (f)	revistă (f)	[re'vistə]
vendas (f pl) por catálogo	vânzare (f) după catalog	[vin'zare 'dupə kata'log]
medicina (f)	medicină (f)	[medi'tʃinə]
cinema (m)	cinematograf (n)	[tʃinemato'graf]
museu (m)	muzeu (n)	[mu'zeu]

agência (f) de notícias	birou (n) de informaţii	[bi'rou de infor'matsij]
jornal (m)	ziar (n)	[zjar]
clube (m) noturno	club (n) de noapte	['klub de no'apte]

petróleo (m)	petrol (n)	[pe'trol]
serviço (m) de encomendas	curierat (n)	[kurie'rat]
indústria (f) farmacêutica	farmaceutică (f)	[farmatʃe'utikə]
poligrafia (f)	poligrafie (f)	[poligra'fie]
editora (f)	editură (f)	[edi'turə]

rádio (m)	radio (n)	['radio]
imobiliário (m)	**bunuri** (n pl) **imobiliare**	['bunurʲ imobili'are]
restaurante (m)	**restaurant** (n)	[restau'rant]
empresa (f) de segurança	**agenție** (f) **de pază**	[adʒen'tsie de 'pazə]
desporto (m)	**sport** (n)	[sport]
bolsa (f)	**bursă** (f)	['bursə]
loja (f)	**magazin** (n)	[maga'zin]
supermercado (m)	**supermarket** (n)	[super'market]
piscina (f)	**bazin** (n)	[ba'zin]
alfaiataria (f)	**atelier** (n)	[ate'ljer]
televisão (f)	**televiziune** (f)	[televizi'une]
teatro (m)	**teatru** (n)	[te'atru]
comércio (atividade)	**comerț** (n)	[ko'merts]
serviços (m pl) de transporte	**transporturi** (n)	[trans'porturʲ]
viagens (f pl)	**turism** (n)	[tu'rism]
veterinário (m)	**veterinar** (m)	[veteri'nar]
armazém (m)	**depozit** (n)	[de'pozit]
recolha (f) do lixo	**transportarea** (f) **deșeurilor**	[transpor'tarʲa de'ʃəurilor]

Emprego. Negócios. Parte 2

83. Espetáculo. Feira

feira (f)	expoziție (f)	[ekspo'zitsie]
feira (f) comercial	expoziție (f) de comerț	[ekspo'zitsie de ko'merts]
participação (f)	participare (f)	[partitʃi'pare]
participar (vi)	a participa	[a partitʃi'pa]
participante (m)	participant (m)	[partitʃi'pant]
diretor (m)	director (m)	[di'rektor]
direção (f)	direcție (f)	[di'rektsie]
organizador (m)	organizator (m)	[organiza'tor]
organizar (vt)	a organiza	[a organi'za]
ficha (f) de inscrição	cerere (f) de participare	['tʃerere de partitʃi'pare]
preencher (vt)	a completa	[a komple'ta]
detalhes (m pl)	detalii (n pl)	[de'talij]
informação (f)	informație (f)	[infor'matsie]
preço (m)	preț (n)	[prets]
incluindo	inclusiv	[inklu'siv]
incluir (vt)	a include	[a in'klude]
pagar (vt)	a plăti	[a plə'ti]
taxa (f) de inscrição	tarif (n) de înregistrare	[tarif de ınredʒis'trare]
entrada (f)	intrare (f)	[in'trare]
pavilhão (m)	pavilion (n)	[pavili'on]
inscrever (vt)	a înscrie	[a in'skrie]
crachá (m)	ecuson (n)	[eku'son]
stand (m)	stand (n)	[stand]
reservar (vt)	a rezerva	[a rezer'va]
vitrina (f)	vitrină (f)	[vi'trinə]
foco, spot (m)	corp (n) de iluminat	['korp de ilumi'nat]
design (m)	design (n)	[di'zajn]
pôr, colocar (vt)	a instala	[a insta'la]
distribuidor (m)	distribuitor (m)	[distribui'tor]
fornecedor (m)	furnizor (m)	[furni'zor]
país (m)	țară (f)	['tsarə]
estrangeiro	străin	[strə'in]
produto (m)	produs (n)	[pro'dus]
associação (f)	asociație (f)	[asotʃi'atsie]
sala (f) de conferências	sală (f) de conferințe	['sale de konfe'rintse]
congresso (m)	congres (n)	[kon'gres]

concurso (m)	concurs (n)	[ko'nkurs]
visitante (m)	vizitator (m)	[vizita'tor]
visitar (vt)	a vizita	[a vizi'ta]
cliente (m)	client (m)	[kli'ent]

84. Ciência. Investigação. Cientistas

ciência (f)	ştiinţă (f)	[ʃti'intsə]
científico	ştiinţific	[ʃtiin'tsifik]
cientista (m)	savant (m)	[sa'vant]
teoria (f)	teorie (f)	[teo'rie]
axioma (m)	axiomă (f)	[aksi'omə]
análise (f)	analiză (f)	[ana'lizə]
analisar (vt)	a analiza	[a anali'za]
argumento (m)	argument (n)	[argu'ment]
substância (f)	substanţă (f)	[sub'stantsə]
hipótese (f)	ipoteză (f)	[ipo'tezə]
dilema (m)	dilemă (f)	[di'lemə]
tese (f)	disertaţie (f)	[diser'tatsie]
dogma (m)	dogmă (f)	['dogmə]
doutrina (f)	doctrină (f)	[dok'trinə]
pesquisa (f)	cercetare (f)	[tʃertʃe'tare]
pesquisar (vt)	a cerceta	[a tʃertʃe'ta]
teste (m)	verificare (f)	[verifi'kare]
laboratório (m)	laborator (n)	[labora'tor]
método (m)	metodă (f)	[me'todə]
molécula (f)	moleculă (f)	[mole'kulə]
monitoramento (m)	monitorizare (n)	[monitori'zare]
descoberta (f)	descoperire (f)	[deskope'rire]
postulado (m)	postulat (n)	[postu'lat]
princípio (m)	principiu (n)	[prin'tʃipju]
prognóstico (previsão)	prognoză (f)	[prog'nozə]
prognosticar (vt)	a prognoza	[a progno'za]
síntese (f)	sinteză (f)	[sin'tezə]
tendência (f)	tendinţă (f)	[ten'dintsə]
teorema (m)	teoremă (f)	[teo'remə]
ensinamentos (m pl)	învăţătură (f)	[ɨnvətsə'turə]
facto (n)	fapt (n)	[fapt]
expedição (f)	expediţie (f)	[ekspe'ditsie]
experiência (f)	experiment (n)	[eksperi'ment]
académico (m)	academician (m)	[akdemi'tʃian]
bacharel (m)	bacalaureat (n)	[bakalaure'at]
doutor (m)	doctor (m)	['doktor]
docente (m)	docent (m)	[do'tʃent]
mestre (m)	magistru (m)	[ma'dʒistru]
professor (m) catedrático	profesor (m)	[pro'fesor]

Profissões e ocupações

85. Procura de emprego. Demissão

trabalho (m)	serviciu (n)	[ser'vitʃiu]
equipa (f)	cadre (n pl)	['kadre]
carreira (f)	carieră (f)	[ka'rjerə]
perspetivas (f pl)	perspectivă (f)	[perspek'tivə]
mestria (f)	îndemânare (f)	[indemi'nare]
seleção (f)	alegere (f)	[a'ledʒere]
agência (f) de emprego	agenţie (f) de cadre	[adʒen'tsie de 'kadre]
CV, currículo (m)	CV (n)	[si'vi]
entrevista (f) de emprego	interviu (n)	[inter'vju]
vaga (f)	post (n) vacant	['post va'kant]
salário (m)	salariu (n)	[sa'larju]
salário (m) fixo	salariu (n)	[sa'larju]
pagamento (m)	plată (f)	['platə]
posto (m)	funcţie (f)	['funktsie]
dever (do empregado)	obligaţie (f)	[obli'gatsie]
gama (f) de deveres	domeniu (n)	[do'menju]
ocupado	ocupat	[oku'pat]
despedir, demitir (vt)	a concedia	[a kontʃedi'a]
demissão (f)	concediere (f)	[kontʃe'djere]
desemprego (m)	şomaj (n)	[ʃo'maʒ]
desempregado (m)	şomer (m)	[ʃo'mer]
reforma (f)	pensie (f)	['pensie]
reformar-se	a se pensiona	[a se pensio'na]

86. Gente de negócios

diretor (m)	director (m)	[di'rektor]
gerente (m)	administrator (m)	[adminis'trator]
patrão, chefe (m)	conducător (m)	[konduke'tor]
superior (m)	şef (m)	[ʃef]
superiores (m pl)	conducere (f)	[kon'dutʃere]
presidente (m)	preşedinte (m)	[preʃe'dinte]
presidente (m) de direção	preşedinte (m)	[preʃe'dinte]
substituto (m)	adjunct (m)	[a'dʒunkt]
assistente (m)	asistent (m)	[asis'tent]
secretário (m)	secretar (m)	[sekre'tar]

secretário (m) pessoal	secretar (m) personal	[sekre'tar perso'nal]
homem (m) de negócios	om (m) de afaceri	[om de a'fatʃerʲ]
empresário (m)	întreprinzător (m)	[intreprinzə'tor]
fundador (m)	fondator (m)	[fonda'tor]
fundar (vt)	a fonda	[a fon'da]
fundador, sócio (m)	fondator (m)	[fonda'tor]
parceiro, sócio (m)	partener (m)	[parte'ner]
acionista (m)	acționar (m)	[aktsio'nar]
milionário (m)	milionar (m)	[milio'nar]
bilionário (m)	miliardar (n)	[miliar'dar]
proprietário (m)	proprietar (m)	[proprie'tar]
proprietário (m) de terras	proprietar (m) funciar	[proprie'tar funtʃi'ar]
cliente (m)	client (m)	[kli'ent]
cliente (m) habitual	client (m) fidel	[kli'ent fi'del]
comprador (m)	cumpărător (m)	[kumpərə'tor]
visitante (m)	vizitator (m)	[vizita'tor]
profissional (m)	profesionist (m)	[profesio'nist]
perito (m)	expert (m)	[eks'pert]
especialista (m)	specialist (m)	[spetʃia'list]
banqueiro (m)	bancher (m)	[ban'ker]
corretor (m)	broker (m)	['broker]
caixa (m, f)	casier (m)	[ka'sjer]
contabilista (m)	contabil (f)	[kon'tabil]
guarda (m)	paznic (m)	['paznik]
investidor (m)	investitor (m)	[investi'tor]
devedor (m)	datornic (m)	[da'tornik]
credor (m)	creditor (m)	[kredi'tor]
mutuário (m)	datornic (m)	[da'tornik]
importador (m)	importator (m)	[importa'tor]
exportador (m)	exportator (m)	[eksporta'tor]
produtor (m)	producător (m)	[produkə'tor]
distribuidor (m)	distribuitor (m)	[distribui'tor]
intermediário (m)	intermediar (m)	[intermedi'ar]
consultor (m)	consultant (m)	[konsul'tant]
representante (m)	reprezentant (m)	[reprezen'tant]
agente (m)	agent (m)	[a'dʒent]
agente (m) de seguros	agent (m) de asigurare	[a'dʒent de asigu'rare]

87. Profissões de serviços

cozinheiro (m)	bucătar (m)	[bukə'tar]
cozinheiro chefe (m)	bucătar-şef (m)	[bukə'tar 'ʃəf]
padeiro (m)	brutar (m)	[bru'tar]
barman (m)	barman (m)	['barman]

| empregado (m) de mesa | chelner (m) | ['kelner] |
| empregada (f) de mesa | chelneriță (f) | [kelne'ritsə] |

advogado (m)	avocat (m)	[avo'kat]
jurista (m)	jurist (m)	[ʒu'rist]
notário (m)	notar (m)	[no'tar]

eletricista (m)	electrician (m)	[elektritʃi'an]
canalizador (m)	instalator (m)	[instala'tor]
carpinteiro (m)	dulgher (m)	[dul'ger]

massagista (m)	masor (m)	[ma'sor]
massagista (f)	masează (f)	[ma'sezə]
médico (m)	medic (m)	['medik]

taxista (m)	taximetrist (m)	[taksime'trist]
condutor (automobilista)	șofer (m)	[ʃo'fer]
entregador (m)	curier (m)	[ku'rjer]

camareira (f)	femeie (f) de serviciu	[fe'mee de ser'vitʃiu]
guarda (m)	paznic (m)	['paznik]
hospedeira (f) de bordo	stewardesă (f)	[stjuar'desə]

professor (m)	profesor (m)	[pro'fesor]
bibliotecário (m)	bibliotecar (m)	[bibliote'kar]
tradutor (m)	traducător (m)	[trakudə'tor]
intérprete (m)	interpret (m)	[inter'pret]
guia (pessoa)	ghid (m)	[gid]

cabeleireiro (m)	frizer (m)	[fri'zer]
carteiro (m)	poștaș (m)	[poʃ'taʃ]
vendedor (m)	vânzător (m)	[vɨnzə'tor]

jardineiro (m)	grădinar (m)	[grədi'nar]
criado (m)	servitor (m)	[servi'tor]
criada (f)	servitoare (f)	[servito'are]
empregada (f) de limpeza	femeie (f) de serviciu	[fe'mee de ser'vitʃiu]

88. Profissões militares e postos

soldado (m) raso	soldat (m)	[sol'dat]
sargento (m)	sergent (m)	[ser'dʒent]
tenente (m)	locotenent (m)	[lokote'nent]
capitão (m)	căpitan (m)	[kəpi'tan]

major (m)	maior (m)	[ma'jor]
coronel (m)	colonel (m)	[kolo'nel]
general (m)	general (m)	[dʒene'ral]
marechal (m)	mareșal (m)	[mare'ʃal]
almirante (m)	amiral (m)	[ami'ral]

militar (m)	militar (m)	[mili'tar]
soldado (m)	soldat (m)	[sol'dat]
oficial (m)	ofițer (m)	[ofi'tser]

comandante (m)	comandant (m)	[koman'dant]
guarda (m) fronteiriço	grănicer (m)	[grəni'tʃer]
operador (m) de rádio	radist (m)	[ra'dist]
explorador (m)	cercetaş (m)	[tʃertʃe'taʃ]
sapador (m)	genist (m)	[dʒe'nist]
atirador (m)	trăgător (m)	[trəgə'tor]
navegador (m)	navigator (m)	[naviga'tor]

89. Oficiais. Padres

| rei (m) | rege (m) | ['redʒe] |
| rainha (f) | regină (f) | [re'dʒinə] |

| príncipe (m) | prinţ (m) | [prints] |
| princesa (f) | prinţesă (f) | [prin'tsesə] |

| czar (m) | ţar (m) | [tsar] |
| czarina (f) | ţarină (f) | [tsa'rinə] |

presidente (m)	preşedinte (m)	[preʃə'dinte]
ministro (m)	ministru (m)	[mi'nistru]
primeiro-ministro (m)	prim-ministru (m)	['prim mi'nistru]
senador (m)	senator (m)	[sena'tor]

diplomata (m)	diplomat (m)	[diplo'mat]
cônsul (m)	consul (m)	['konsul]
embaixador (m)	ambasador (m)	[ambasa'dor]
conselheiro (m)	consilier (m)	[konsi'ljer]

funcionário (m)	funcţionar (m)	[funktsio'nar]
prefeito (m)	prefect (m)	[pre'fekt]
Presidente (m) da Câmara	primar (m)	[pri'mar]

| juiz (m) | judecător (m) | [ʒudekə'tor] |
| procurador (m) | procuror (m) | [proku'ror] |

missionário (m)	misionar (m)	[misio'nar]
monge (m)	călugăr (m)	[kə'lugər]
abade (m)	abate (m)	[a'bate]
rabino (m)	rabin (m)	[ra'bin]

vizir (m)	vizir (m)	[vi'zir]
xá (m)	şah (m)	[ʃah]
xeque (m)	şeic (m)	['ʃejk]

90. Profissões agrícolas

apicultor (m)	apicultor (m)	[apikul'tor]
pastor (m)	păstor (m)	[pəs'tor]
agrónomo (m)	agronom (m)	[agro'nom]
criador (m) de gado	zootehnician (m)	[zootehnitʃi'an]
veterinário (m)	veterinar (m)	[veteri'nar]

agricultor (m)   fermier (m)   [fer'mjer]
vinicultor (m)   vinificator (m)   [vinifika'tor]
zoólogo (m)   zoolog (m)   [zoo'log]
cowboy (m)   cowboy (m)   ['kauboj]

91. Profissões artísticas

ator (m)   actor (m)   [ak'tor]
atriz (f)   actriță (f)   [ak'tritsə]

cantor (m)   cântăreț (m)   [kintə'rets]
cantora (f)   cântăreață (f)   [kintə'rʲatsə]

bailarino (m)   dansator (m)   [dansa'tor]
bailarina (f)   dansatoare (f)   [dansato'are]

artista (m)   artist (m)   [ar'tist]
artista (f)   artistă (f)   [ar'tistə]

músico (m)   muzician (m)   [muzitʃi'an]
pianista (m)   pianist (m)   [pia'nist]
guitarrista (m)   chitarist (m)   [kita'rist]

maestro (m)   dirijor (m)   [diri'ʒor]
compositor (m)   compozitor (m)   [kompo'zitor]
empresário (m)   impresar (m)   [impre'sar]

realizador (m)   regizor (m)   [re'dʒizor]
produtor (m)   producător (m)   [produkə'tor]
argumentista (m)   scenarist (m)   [stʃena'rist]
crítico (m)   critic (m)   ['kritik]

escritor (m)   scriitor (m)   [skrii'tor]
poeta (m)   poet (m)   [po'et]
escultor (m)   sculptor (m)   ['skulptor]
pintor (m)   pictor (m)   ['piktor]

malabarista (m)   jongler (m)   [ʒon'gler]
palhaço (m)   clovn (m)   [klovn]
acrobata (m)   acrobat (m)   [akro'bat]
mágico (m)   magician (m)   [madʒitʃi'an]

92. Várias profissões

médico (m)   medic (m)   ['medik]
enfermeira (f)   asistentă (f) medicală   [asis'tentə medi'kalə]
psiquiatra (m)   psihiatru (m)   [psihi'atru]
estomatologista (m)   stomatolog (m)   [stomato'log]
cirurgião (m)   chirurg (m)   [ki'rurg]

astronauta (m)   astronaut (m)   [astrona'ut]
astrónomo (m)   astronom (m)   [astro'nom]

piloto (m)	pilot (m)	[pi'lot]
motorista (m)	şofer (m)	[ʃo'fer]
maquinista (m)	maşinist (m)	[maʃi'nist]
mecânico (m)	mecanic (m)	[me'kanik]
mineiro (m)	miner (m)	[mi'ner]
operário (m)	muncitor (m)	[muntʃi'tor]
serralheiro (m)	lăcătuş (m)	[ləkə'tuʃ]
marceneiro (m)	tâmplar (m)	[tim'plar]
torneiro (m)	strungar (m)	[strun'gar]
construtor (m)	constructor (m)	[kon'struktor]
soldador (m)	sudor (m)	[su'dor]
professor (m) catedrático	profesor (m)	[pro'fesor]
arquiteto (m)	arhitect (m)	[arhi'tekt]
historiador (m)	istoric (m)	[is'torik]
cientista (m)	savant (m)	[sa'vant]
físico (m)	fizician (m)	[fizitʃi'an]
químico (m)	chimist (m)	[ki'mist]
arqueólogo (m)	arheolog (m)	[arheo'log]
geólogo (m)	geolog (m)	[dʒeo'log]
pesquisador (cientista)	cercetător (m)	[tʃertʃetə'tor]
babysitter (f)	dădacă (f)	[də'dakə]
professor (m)	pedagog (m)	[peda'gog]
redator (m)	redactor (m)	[re'daktor]
redator-chefe (m)	redactor-şef (m)	[re'daktor 'ʃef]
correspondente (m)	corespondent (m)	[korespon'dent]
datilógrafa (f)	dactilografă (f)	[daktilo'grafə]
designer (m)	designer (m)	[di'zajner]
especialista (m) em informática	operator (m)	[opera'tor]
programador (m)	programator (m)	[programa'tor]
engenheiro (m)	inginer (m)	[indʒi'ner]
marujo (m)	marinar (m)	[mari'nar]
marinheiro (m)	marinar (m)	[mari'nar]
salvador (m)	salvator (m)	[salva'tor]
bombeiro (m)	pompier (m)	[pom'pjer]
polícia (m)	poliţist (m)	[poli'tsist]
guarda-noturno (m)	paznic (m)	['paznik]
detetive (m)	detectiv (m)	[detek'tiv]
funcionário (m) da alfândega	vameş (m)	['vameʃ]
guarda-costas (m)	gardă (f) de corp	['gardə de 'korp]
guarda (m) prisional	supraveghetor (m)	[supravege'tor]
inspetor (m)	inspector (m)	[in'spektor]
desportista (m)	sportiv (m)	[spor'tiv]
treinador (m)	antrenor (m)	[antre'nor]
talhante (m)	măcelar (m)	[mətʃe'lar]
sapateiro (m)	cizmar (m)	[tʃiz'mar]

comerciante (m)	comerciant (m)	[komertʃi'ant]
carregador (m)	hamal (m)	[ha'mal]
estilista (m)	modelier (n)	[mode'ljer]
modelo (f)	model (n)	[mo'del]

93. Ocupações. Estatuto social

aluno, escolar (m)	elev (m)	[e'lev]
estudante (~ universitária)	student (m)	[stu'dent]
filósofo (m)	filozof (m)	[filo'zof]
economista (m)	economist (m)	[ekono'mist]
inventor (m)	inventator (m)	[inventa'tor]
desempregado (m)	şomer (m)	[ʃo'mer]
reformado (m)	pensionar (m)	[pensio'nar]
espião (m)	spion (m)	[spi'on]
preso (m)	arestat (m)	[ares'tat]
grevista (m)	grevist (m)	[gre'vist]
burocrata (m)	birocrat (m)	[biro'krat]
viajante (m)	călător (m)	[kələ'tor]
homossexual (m)	homosexual (m)	[homoseksu'al]
hacker (m)	hacker (m)	['haker]
bandido (m)	bandit (m)	[ban'dit]
assassino (m) a soldo	asasin (m) plătit	[asa'sin plə'tit]
toxicodependente (m)	narcoman (m)	[narko'man]
traficante (m)	vânzător (m) de droguri	[vɨnzə'tor de 'drogurʲ]
prostituta (f)	prostituată (f)	[prostitu'atə]
chulo (m)	proxenet (m)	[prokse'net]
bruxo (m)	vrăjitor (m)	[vrəʒi'tor]
bruxa (f)	vrăjitoare (f)	[vrəʒito'are]
pirata (m)	pirat (m)	[pi'rat]
escravo (m)	rob (m)	[rob]
samurai (m)	samurai (m)	[samu'raj]
selvagem (m)	sălbatic (m)	[səl'batik]

Educação

94. Escola

escola (f)	şcoală (f)	[ʃko'alə]
diretor (m) de escola	director (m)	[dɪ'rektor]
aluno (m)	elev (m)	[e'lev]
aluna (f)	elevă (f)	[e'levə]
escolar (m)	elev (m)	[e'lev]
escolar (f)	elevă (f)	[e'levə]
ensinar (vt)	a învăța	[a invə'tsa]
aprender (vt)	a învăța	[a invə'tsa]
aprender de cor	a învăța pe de rost	[a invə'tsa pe de rost]
estudar (vi)	a învăța	[a invə'tsa]
andar na escola	a merge la şcoală	[a 'merdʒe la ʃko'alə]
ir à escola	a merge la şcoală	[a 'merdʒe la ʃko'alə]
alfabeto (m)	alfabet (n)	[alfa'bet]
disciplina (f)	disciplină (f)	[distʃi'plinə]
sala (f) de aula	clasă (f)	['klasə]
lição (f)	lecție (f)	['lektsie]
recreio (m)	recreație (f)	[rekre'atsie]
toque (m)	sunet (n)	['sunet]
carteira (f)	bancă (f)	['bankə]
quadro (m) negro	tablă (f)	['tablə]
nota (f)	notă (f)	['notə]
boa nota (f)	notă (f) bună	['notə 'bunə]
nota (f) baixa	notă (f) rea	['notə rʲa]
dar uma nota	a pune notă	[a 'pune 'notə]
erro (m)	greşeală (f)	[gre'ʃalə]
fazer erros	a greşi	[a gre'ʃi]
corrigir (vt)	a corecta	[a korek'ta]
cábula (f)	fițuică (f)	[fi'tsujkə]
dever (m) de casa	temă (f) pentru acasă	['temə 'pentru a'kasə]
exercício (m)	exercițiu (n)	[egzer'tʃitsju]
estar presente	a fi prezent	[a fi pre'zent]
estar ausente	a lipsi	[a lip'si]
punir (vt)	a pedepsi	[a pedep'si]
punição (f)	pedeapsă (f)	[pe'dʲapsə]
comportamento (m)	comportament (n)	[komporta'ment]

boletim (m) escolar	agendă (f)	[a'dʒendə]
lápis (m)	creion (n)	[kre'jon]
borracha (f)	radieră (f)	[radi'erə]
giz (m)	cretă (f)	['kretə]
estojo (m)	penar (n)	[pe'nar]
pasta (f) escolar	ghiozdan (n)	[goz'dan]
caneta (f)	pix (n)	[piks]
caderno (m)	caiet (n)	[ka'et]
manual (m) escolar	manual (n)	[manu'al]
compasso (m)	compas (n)	[kom'pas]
traçar (vt)	a schiţa	[a ski'tsa]
desenho (m) técnico	plan (n)	[plan]
poesia (f)	poezie (f)	[poe'zie]
de cor	pe de rost	[pe de rost]
aprender de cor	a învăţa pe de rost	[a invə'tsa pe de rost]
férias (f pl)	vacanţă (f)	[va'kantsə]
estar de férias	a fi în vacanţă	[a fi in va'kantsə]
teste (m)	lucrare (f) de control	[lu'krare de kon'trol]
composição, redação (f)	compunere (f)	[kom'punere]
ditado (m)	dictare (f)	[dik'tare]
exame (m)	examen (n)	[e'gzamen]
fazer exame	a da examene	[a da e'gzamene]
experiência (~ química)	experiment (f)	[eksperi'ment]

95. Colégio. Universidade

academia (f)	academie (f)	[akade'mie]
universidade (f)	universitate (f)	[universi'tate]
faculdade (f)	facultate (f)	[fakul'tate]
estudante (m)	student (m)	[stu'dent]
estudante (f)	studentă (f)	[stu'dentə]
professor (m)	profesor (m)	[pro'fesor]
sala (f) de palestras	aulă (f)	[a'ulə]
graduado (m)	absolvent (m)	[absol'vent]
diploma (m)	diplomă (f)	['diplomə]
tese (f)	disertaţie (f)	[diser'tatsie]
estudo (obra)	cercetare (f)	[tʃertʃe'tare]
laboratório (m)	laborator (n)	[labora'tor]
palestra (f)	prelegere (f)	[pre'ledʒere]
colega (m) de curso	coleg (m) de an	[ko'leg de an]
bolsa (f) de estudos	bursă (f)	['bursə]
grau (m) académico	titlu (n) ştiinţific	['titlu ʃtiin'tsifik]

96. Ciências. Disciplinas

matemática (f)	matematică (f)	[mate'matikə]
álgebra (f)	algebră (f)	[al'dʒebrə]
geometria (f)	geometrie (f)	[dʒeome'trie]
astronomia (f)	astronomie (f)	[astrono'mie]
biologia (f)	biologie (f)	[biolo'dʒie]
geografia (f)	geografie (f)	[dʒeogra'fie]
geologia (f)	geologie (f)	[dʒeolo'dʒie]
história (f)	Istorie (f)	[is'torie]
medicina (f)	medicină (f)	[medi'tʃinə]
pedagogia (f)	pedagogie (f)	[pedago'dʒie]
direito (m)	drept (n)	[drept]
física (f)	fizică (f)	['fizikə]
química (f)	chimie (f)	[ki'mie]
filosofia (f)	filozofie (f)	[filozo'fie]
psicologia (f)	psihologie (f)	[psiholo'dʒie]

97. Sistema de escrita. Ortografia

gramática (f)	gramatică (f)	[gra'matikə]
vocabulário (m)	lexic (n)	['leksik]
fonética (f)	fonetică (f)	[fo'netikə]
substantivo (m)	substantiv (n)	[substan'tiv]
adjetivo (m)	adjectiv (n)	[adʒek'tiv]
verbo (m)	verb (n)	[verb]
advérbio (m)	adverb (n)	[ad'verb]
pronome (m)	pronume (n)	[pro'nume]
interjeição (f)	interjecție (f)	[inter'ʒektsie]
preposição (f)	prepoziție (f)	[prepo'zitsie]
raiz (f) da palavra	rădăcina (f) cuvântului	[rədə'tʃina ku'vɨntuluj]
terminação (f)	terminație (f)	[termi'natsie]
prefixo (m)	prefix (n)	[pre'fiks]
sílaba (f)	silabă (f)	[si'labə]
sufixo (m)	sufix (n)	[su'fiks]
acento (m)	accent (n)	[ak'tʃent]
apóstrofo (m)	apostrof (n)	[apo'strof]
ponto (m)	punct (n)	[punkt]
vírgula (f)	virgulă (f)	['virgulə]
ponto e vírgula (m)	punct (n) și virgulă	[punkt ʃi 'virgulə]
dois pontos (m pl)	două puncte (n pl)	['dowə 'punkte]
reticências (f pl)	puncte-puncte (n pl)	['punkte 'punkte]
ponto (m) de interrogação	semn (n) de întrebare	[semn de intre'bare]
ponto (m) de exclamação	semn (n) de exclamare	[semn de ekskla'mare]

aspas (f pl)	ghilimele (f pl)	[gili'mele]
entre aspas	în ghilimele	[in gili'mele]
parênteses (m pl)	paranteze (f pl)	[paran'teze]
entre parênteses	în paranteze	[in paran'teze]
hífen (m)	cratimă (f)	['kratimə]
travessão (m)	cratimă (f)	['kratimə]
espaço (m)	spaţiu (n) liber	['spatsju 'liber]
letra (f)	literă (f)	['literə]
letra (f) maiúscula	majusculă (f)	[ma'ʒuskulʲa]
vogal (f)	vocală (f)	[vo'kalə]
consoante (f)	consoană (f)	[konso'anə]
frase (f)	prepoziţie (f)	[prepo'zitsie]
sujeito (m)	subiect (n)	[su'bjekt]
predicado (m)	predicat (n)	[predi'kat]
linha (f)	rând (n)	[rind]
em uma nova linha	alineat	[aline'at]
parágrafo (m)	paragraf (n)	[para'graf]
palavra (f)	cuvânt (n)	[ku'vint]
grupo (m) de palavras	îmbinare (f) de cuvinte	[imbi'nare de ku'vinte]
expressão (f)	expresie (f)	[eks'presie]
sinónimo (m)	sinonim (n)	[sino'nim]
antónimo (m)	antonim (n)	[anto'nim]
regra (f)	regulă (f)	['regulə]
excepção (f)	excepţie (f)	[eks'tʃeptsie]
correto	corect	[ko'rekt]
conjugação (f)	conjugare (f)	[konʒu'gare]
declinação (f)	declinare (f)	[dekli'nare]
caso (m)	caz (n)	[kaz]
pergunta (f)	întrebare (f)	[intre'bare]
sublinhar (vt)	a sublinia	[a sublini'a]
linha (f) pontilhada	linie (f) punctată	['linie punk'tatə]

98. Línguas estrangeiras

língua (f)	limbă (f)	['limbə]
estrangeiro	străin	[strə'in]
estudar (vt)	a studia	[a studi'a]
aprender (vt)	a învăţa	[a invə'tsa]
ler (vt)	a citi	[a tʃi'ti]
falar (vi)	a vorbi	[a vor'bi]
compreender (vt)	a înţelege	[a intse'ledʒe]
escrever (vt)	a scrie	[a 'skrie]
rapidamente	repede	['repede]
devagar	încet	[in'tʃet]

fluentemente	liber	['liber]
regras (f pl)	reguli (f pl)	['regulʲ]
gramática (f)	gramatică (f)	[gra'matikə]
vocabulário (m)	lexic (n)	['leksik]
fonética (f)	fonetică (f)	[fo'netikə]
manual (m) escolar	manual (n)	[manu'al]
dicionário (m)	dicționar (n)	[diktsio'nar]
manual (m) de autoaprendizagem	manual (n) autodidactic	[manu'al autodi'daktik]
guia (m) de conversação	ghid (n) de conversație	[gid de konver'satsie]
cassete (f)	casetă (f)	[ka'setə]
vídeo cassete (m)	casetă (f) video	[ka'setə 'video]
CD (m)	CD (n)	[si'di]
DVD (m)	DVD (n)	[divi'di]
alfabeto (m)	alfabet (n)	[alfa'bet]
soletrar (vt)	a spune pe litere	[a vor'bi pe 'litere]
pronúncia (f)	pronunție (f)	[pro'nuntsie]
sotaque (m)	accent (n)	[ak'tʃent]
com sotaque	cu accent	['ku ak'tʃent]
sem sotaque	fără accent	['fərə ak'tʃent]
palavra (f)	cuvânt (n)	[ku'vint]
sentido (m)	sens (n)	[sens]
cursos (m pl)	cursuri (n)	['kursurʲ]
inscrever-se (vr)	a se înscrie	[a se in'skrie]
professor (m)	profesor (m)	[pro'fesor]
tradução (processo)	traducere (f)	[tra'dutʃere]
tradução (texto)	traducere (f)	[tra'dutʃere]
tradutor (m)	traducător (m)	[tradukə'tor]
intérprete (m)	translator (m)	[trans'lator]
poliglota (m)	poliglot (m)	[poli'glot]
memória (f)	memorie (f)	[me'morie]

T&P Books. Vocabulário Português-Romeno - 5000 palavras

Descanso. Entretenimento. Viagens

99. Viagens

turismo (m)	turism (n)	[tu'rism]
turista (m)	turist (m)	[tu'rist]
viagem (f)	călătorie (f)	[kələto'rie]
aventura (f)	aventură (f)	[aven'turə]
viagem (f)	voiaj (n)	[vo'jaʒ]

férias (f pl)	concediu (n)	[kon'tʃedju]
estar de férias	a fi în concediu	[a fi in kon'tʃedju]
descanso (m)	odihnă (f)	[o'dihnə]

comboio (m)	tren (n)	[tren]
de comboio (chegar ~)	cu trenul	[ku 'trenul]
avião (m)	avion (n)	[a'vjon]
de avião	cu avionul	[ku a'vjonul]
de carro	cu automobilul	[ku automo'bilul]
de navio	cu vaporul	[ku va'porul]

bagagem (f)	bagaj (n)	[ba'gaʒ]
mala (f)	valiză (f)	[va'lizə]
carrinho (m)	cărucior (n) pentru bagaj	[kəru'tʃior 'pentru ba'gaʒ]

passaporte (m)	paşaport (n)	[paʃa'port]
visto (m)	viză (f)	['vizə]
bilhete (m)	bilet (n)	[bi'let]
bilhete (m) de avião	bilet (n) de avion	[bi'let de a'vjon]

guia (m) de viagem	ghid (m)	[gid]
mapa (m)	hartă (f)	['hartə]
local (m), area (f)	localitate (f)	[lokali'tate]
lugar, sítio (m)	loc (n)	[lok]

exotismo (m)	exotism (n)	[egzo'tism]
exótico	exotic	[e'gzotik]
surpreendente	uimitor	[ujmi'tor]

grupo (m)	grup (n)	[grup]
excursão (f)	excursie (f)	[eks'kursie]
guia (m)	ghid (m)	[gid]

100. Hotel

hotel (m)	hotel (n)	[ho'tel]
motel (m)	motel (n)	[mo'tel]
três estrelas	trei stele	[trej 'stele]

cinco estrelas	cinci stele	[tʃintʃ 'stele]
ficar (~ num hotel)	a se opri	[a se o'pri]
quarto (m)	cameră (f)	['kamerə]
quarto (m) individual	cameră pentru o persoană (n)	['kamerə 'pentru o perso'anə]
quarto (m) duplo	cameră pentru două persoane (n)	['kamerə 'pentru 'dowə perso'ane]
reservar um quarto	a rezerva o cameră	[a rezer'va o 'kamerə]
meia pensão (f)	demipensiune (f)	[demipensi'une]
pensão (f) completa	pensiune (f)	[pensi'une]
com banheira	cu baie	[ku 'bae]
com duche	cu duş	[ku duʃ]
televisão (m) satélite	televiziune (f) prin satelit	[televizi'une 'prin sate'lit]
ar (m) condicionado	aer (n) condiţionat	['aer konditsio'nat]
toalha (f)	prosop (n)	[pro'sop]
chave (f)	cheie (f)	['kee]
administrador (m)	administrator (m)	[adminis'trator]
camareira (f)	femeie (f) de serviciu	[fe'mee de ser'vitʃiu]
bagageiro (m)	hamal (m)	[ha'mal]
porteiro (m)	portar (m)	[por'tar]
restaurante (m)	restaurant (n)	[restau'rant]
bar (m)	bar (n)	[bar]
pequeno-almoço (m)	micul dejun (n)	['mikul de'ʒun]
jantar (m)	cină (f)	['tʃinə]
buffet (m)	masă suedeză (f)	['masə sue'dezə]
hall (m) de entrada	vestibul (n)	[vesti'bul]
elevador (m)	lift (n)	[lift]
NÃO PERTURBE	NU DERANJAŢI!	[nu deran'ʒats]
PROIBIDO FUMAR!	NU FUMAŢI!	[nu fu'mats]

EQUIPAMENTO TÉCNICO. TRANSPORTES

Equipamento técnico. Transportes

101. Computador

computador (m)	calculator (n)	[kalkula'tor]
portátil (m)	laptop (n)	[ləp'top]
ligar (vt)	a deschide	[a des'kide]
desligar (vt)	a închide	[a i'nkide]
teclado (m)	tastatură (f)	[tasta'turə]
tecla (f)	tastă (f)	['tastə]
rato (m)	mouse (n)	['maus]
tapete (m) de rato	mousepad (n)	[maus'pad]
botão (m)	tastă (f)	['tastə]
cursor (m)	cursor (m)	[kur'sor]
monitor (m)	monitor (n)	[moni'tor]
ecrã (m)	ecran (n)	[e'kran]
disco (m) rígido	hard disc (n)	[hard disk]
capacidade (f) do disco rígido	capacitatea (f) hard discului	[kapatʃi'tatʲa 'hard 'diskuluj]
memória (f)	memorie (f)	[me'morie]
memória RAM (f)	memorie (f) operativă	[me'morie opera'tivə]
ficheiro (m)	fișier (n)	[fiʃi'er]
pasta (f)	document (n)	[doku'ment]
abrir (vt)	a deschide	[a des'kide]
fechar (vt)	a închide	[a i'nkide]
guardar (vt)	a păstra	[a pəs'tra]
apagar, eliminar (vt)	a șterge	[a 'ʃterdʒe]
copiar (vt)	a copia	[a kopi'ja]
ordenar (vt)	a sorta	[a sor'ta]
copiar (vt)	a copia	[a kopi'ja]
programa (m)	program (n)	[pro'gram]
software (m)	programe (n) de aplicație	[pro'grame de apli'katsie]
programador (m)	programator (m)	[programa'tor]
programar (vt)	a programa	[a progra'ma]
hacker (m)	hacker (m)	['haker]
senha (f)	parolă (f)	[pa'role]
vírus (m)	virus (m)	['virus]
detetar (vt)	a găsi	[a gə'si]
byte (m)	bait (m)	[bajt]

megabyte (m)	megabyte (m)	[mega'bajt]
dados (m pl)	date (f pl)	['date]
base (f) de dados	bază (f) de date	['bazə de 'date]
cabo (m)	cablu (n)	['kablu]
desconectar (vt)	a deconecta	[a dekonek'ta]
conetar (vt)	a conecta	[a konek'ta]

102. Internet. E-mail

internet (f)	internet (n)	[inter'net]
browser (m)	browser (n)	['brauzer]
motor (m) de busca	motor (n) de căutare	[mo'tor de kəu'tare]
provedor (m)	cablu (n)	['kablu]
webmaster (m)	web master (m)	[web 'master]
website, sítio web (m)	web site (n)	[web 'sajt]
página (f) web	pagină (f) web	['padʒinə web]
endereço (m)	adresă (f)	[a'dresə]
livro (m) de endereços	registru (n) de adrese	[re'dʒistru de a'drese]
caixa (f) de correio	cutie (f) poştală	[ku'tie poʃ'talə]
correio (m)	corespondenţă (f)	[korespon'dentsə]
mensagem (f)	mesaj (n)	[me'saʒ]
remetente (m)	expeditor (m)	[ekspedi'tor]
enviar (vt)	a expedia	[a ekspedi'ja]
envio (m)	expediere (f)	[ekspe'djere]
destinatário (m)	destinatar (m)	[destina'tar]
receber (vt)	a primi	[a pri'mi]
correspondência (f)	corespondenţă (f)	[korespon'dentsə]
corresponder-se (vr)	a coresponda	[a korespon'da]
ficheiro (m)	fişier (n)	[fiʃi'er]
fazer download, baixar	a copia	[a kopi'ja]
criar (vt)	a crea	[a 'krʲa]
apagar, eliminar (vt)	a şterge	[a 'ʃterdʒe]
eliminado	şters	[ʃters]
conexão (f)	conexiune (f)	[koneksi'une]
velocidade (f)	viteză (f)	[vi'tezə]
modem (m)	modem (n)	[mo'dem]
acesso (m)	acces (n)	[ak'tʃes]
porta (f)	port (n)	[port]
conexão (f)	conectare (f)	[konek'tare]
conetar (vi)	a se conecta	[a se konek'ta]
escolher (vt)	a alege	[a a'ledʒe]
buscar (vt)	a căuta	[a kəu'ta]

103. Eletricidade

eletricidade (f)	electricitate (f)	[elektritʃi'tate]
elétrico	electric	[e'lektrik]
central (f) elétrica	centrală (f) electrică	[tʃen'trale e'lektrike]
energia (f)	energie (f)	[ener'dʒie]
energia (f) elétrica	energie (f) electrică	[ener'dʒie e'lektrike]
lâmpada (f)	bec (n)	[bek]
lanterna (f)	lanternă (f)	[lan'terne]
poste (m) de iluminação	felinar (n)	[feli'nar]
luz (f)	lumină (f)	[lu'mine]
ligar (vt)	a aprinde	[a a'prinde]
desligar (vt)	a stinge	[a 'stindʒe]
apagar a luz	a stinge lumina	[a 'stindʒe lu'mina]
fundir (vi)	a arde	[a 'arde]
curto-circuito (m)	scurtcircuit (n)	['skurtʃirku'it]
rutura (f)	ruptură (f)	[rup'ture]
contacto (m)	contact (n)	[kon'takt]
interruptor (m)	întrerupător (n)	[intrerupe'tor]
tomada (f)	priză (f)	['prize]
ficha (f)	furcă (f)	['furke]
extensão (f)	prelungitor (n)	[prelundʒi'tor]
fusível (m)	siguranță (f)	[sigu'rantse]
fio, cabo (m)	fir (n) electric	[fir e'lektrik]
instalação (f) elétrica	instalație (f) electrică	[insta'latsie e'lektrike]
ampere (m)	amper (m)	[am'per]
amperagem (f)	intensitatea (f) curentului	[intensi'tat'a ku'rentuluj]
volt (m)	volt (m)	[volt]
voltagem (f)	tensiune (f)	[tensi'une]
aparelho (m) elétrico	aparat (n) electric	[apa'rat e'lektrik]
indicador (m)	indicator (n)	[indika'tor]
eletricista (m)	electrician (m)	[elektritʃi'an]
soldar (vt)	a lipi	[a li'pi]
ferro (m) de soldar	ciocan (n) de lipit	[tʃio'kan de li'pit]
corrente (f) elétrica	curent (m)	[ku'rent]

104. Ferramentas

ferramenta (f)	instrument (n)	[instru'ment]
ferramentas (f pl)	instrumente (n pl)	[instru'mente]
equipamento (m)	utilaj (n)	[uti'laʒ]
martelo (m)	ciocan (n)	[tʃio'kan]
chave (f) de fendas	șurubelniță (f)	[ʃuru'belnitse]
machado (m)	topor (n)	[to'por]

serra (f)	ferăstrău (n)	[ferəstrəu]
serrar (vt)	a tăia cu ferăstrăul	[a tə'ja 'ku ferəstrəul]
plaina (f)	rindea (f)	[rin'dʲa]
aplainar (vt)	a gelui	[a dʒelu'i]
ferro (m) de soldar	ciocan (n) de lipit	[tʃio'kan de li'pit]
soldar (vt)	a lipi	[a li'pi]

lima (f)	pilă (f)	['pilə]
tenaz (f)	cleşte (m)	['kleʃte]
alicate (m)	cleşte (m) patent	['kleʃte pa'tent]
formão (m)	daltă (f) de tâmplărie	['daltə de timplə'rie]

broca (f)	burghiu (n)	[bur'gju]
berbequim (f)	sfredel (n)	['sfredel]
furar (vt)	a sfredeli	[a sfrede'li]

faca (f)	cuţit (n)	[ku'tsit]
lâmina (f)	lamă (f)	['lamə]

afiado	ascuţit	[asku'tsit]
cego	tocit	[to'tʃit]
embotar-se (vr)	a se toci	[a se to'tʃi]
afiar, amolar (vt)	a ascuţi	[a asku'tsi]

parafuso (m)	şurub (n)	[ʃu'rub]
porca (f)	piuliţă (f)	[pju'litsə]
rosca (f)	filet (n)	[fi'let]
parafuso (m) para madeira	şurub (n)	[ʃu'rub]

prego (m)	cui (n)	[kuj]
cabeça (f) do prego	bont (n)	[bont]

régua (f)	linie (f)	['linie]
fita (f) métrica	ruletă (f)	[ru'letə]
nível (m)	nivelă (f)	[ni'vela]
lupa (f)	lupă (f)	['lupə]

medidor (m)	aparat (n) de măsurat	[apa'rat de məsu'rat]
medir (vt)	a măsura	[a məsu'ra]
escala (f)	scală (f)	['skalə]
indicação (f), registo (m)	indicaţii (f pl)	[indi'katsij]

compressor (m)	compresor (n)	[kompre'sor]
microscópio (m)	microscop (n)	[mikro'skop]

bomba (f)	pompă (f)	['pompə]
robô (m)	robot (m)	[ro'bot]
laser (m)	laser (n)	['laser]

chave (f) de boca	cheie (f) franceză	['kee fran'tʃezə]
fita (f) adesiva	bandă (f) izolatoare	['bandə izolato'are]
cola (f)	clei (n)	[klej]

lixa (f)	hârtie (f) abrazivă	[hir'tie abra'zivə]
mola (f)	arc (n)	[ark]
íman (m)	magnet (m)	[mag'net]

luvas (f pl)	mănuşi (f pl)	[mə'nuʃ]
corda (f)	funie (f)	['funie]
cordel (m)	şnur (n)	[ʃnur]
fio (m)	fir (n) electric	[fir e'lektrik]
cabo (m)	cablu (n)	['kablu]

marreta (f)	baros (m)	[ba'ros]
pé de cabra (m)	rangă (f)	['rangə]
escada (f) de mão	scară (f)	['skarə]
escadote (m)	scară (f) de frânghie	['skarə de frin'gie]

enroscar (vt)	a înşuruba	[a inʃuru'ba]
desenroscar (vt)	a deşuruba	[a deʃuru'ba]
apertar (vt)	a strânge	[a 'strindʒe]
colar (vt)	a lipi	[a li'pi]
cortar (vt)	a tăia	[a tə'ja]

falha (mau funcionamento)	deranjament (n)	[deranʒa'ment]
conserto (m)	reparaţie (f)	[repa'ratsie]
consertar, reparar (vt)	a repara	[a repa'ra]
regular, ajustar (vt)	a regla	[a re'gla]

verificar (vt)	a verifica	[a verifi'ka]
verificação (f)	verificare (f)	[verifi'kare]
indicação (f), registo (m)	indicaţie (f)	[indi'katsie]

| seguro | sigur | ['sigur] |
| complicado | complex | [kom'pleks] |

enferrujar (vi)	a rugini	[a rudʒi'ni]
enferrujado	ruginit	[rudʒi'nit]
ferrugem (f)	rugină (f)	[ru'dʒinə]

Transportes

105. Avião

avião (m)	avion (n)	[a'vjon]
bilhete (m) de avião	bilet (n) de avion	[bi'let de a'vjon]
companhia (f) aérea	companie (f) aeriană	[kompa'nie aeri'anə]
aeroporto (m)	aeroport (n)	[aero'port]
supersónico	supersonic	[super'sonik]
comandante (m) do avião	comandant (m) de navă	[koman'dant de 'navə]
tripulação (f)	echipaj (n)	[eki'paʒ]
piloto (m)	pilot (m)	[pi'lot]
hospedeira (f) de bordo	stewardesă (f)	[stjuar'desə]
copiloto (m)	navigator (m)	[naviga'tor]
asas (f pl)	aripi (f pl)	[a'ripʲ]
cauda (f)	coadă (f)	[ko'adə]
cabine (f) de pilotagem	cabină (f)	[ka'binə]
motor (m)	motor (n)	[mo'tor]
trem (m) de aterragem	tren (n) de aterizare	[tren de ateri'zare]
turbina (f)	turbină (f)	[tur'binə]
hélice (f)	elice (f)	[e'litʃe]
caixa-preta (f)	cutie (f) neagră	[ku'tie 'nʲagrə]
coluna (f) de controlo	manşă (f)	['manʃə]
combustível (m)	combustibil (m)	[kombus'tibil]
instruções (f pl) de segurança	instrucţiune (f)	[instruktsi'une]
máscara (f) de oxigénio	mască (f) cu oxigen	['maskə 'ku oksi'dʒen]
uniforme (m)	uniformă (f)	[uni'formə]
colete (m) salva-vidas	vestă (f) de salvare	['vestə de sal'vare]
paraquedas (m)	paraşută (f)	[para'ʃutə]
descolagem (f)	decolare (f)	[deko'lare]
descolar (vi)	a decola	[a deko'la]
pista (f) de descolagem	pistă (f) de decolare	['pistə de deko'lare]
visibilidade (f)	vizibilitate (f)	[vizibili'tate]
voo (m)	zbor (n)	[zbor]
altura (f)	înălţime (f)	[inəl'tsime]
poço (m) de ar	gol de aer (n)	[gol de 'aer]
assento (m)	loc (n)	[lok]
auscultadores (m pl)	căşti (f pl)	[kəʃtʲ]
mesa (f) rebatível	măsuţă (f) rabatabilă	[mə'sutsə raba'tabilə]
vigia (f)	hublou (n)	[hu'blou]
passagem (f)	trecere (f)	['tretʃere]

106. Comboio

comboio (m)	tren (n)	[tren]
comboio (m) suburbano	tren (n) electric	['tren e'lektrik]
comboio (m) rápido	tren (n) accelerat	['tren aktʃele'rat]
locomotiva (f) diesel	locomotivă (f) cu motor diesel	[lokomo'tivə ku mo'tor 'dizel]
locomotiva (f) a vapor	locomotivă (f)	[lokomo'tivə]
carruagem (f)	vagon (n)	[va'gon]
carruagem restaurante (f)	vagon-restaurant (n)	[va'gon restau'rant]
carris (m pl)	şine (f pl)	['ʃine]
caminho de ferro (m)	cale (f) ferată	['kale fe'ratə]
travessa (f)	traversă (f)	[tra'versə]
plataforma (f)	peron (n)	[pe'ron]
linha (f)	linie (f)	['linie]
semáforo (m)	semafor (n)	[sema'for]
estação (f)	staţie (f)	['statsie]
maquinista (m)	maşinist (m)	[maʃi'nist]
bagageiro (m)	hamal (m)	[ha'mal]
hospedeiro, -a (da carruagem)	însoţitor (m)	[insotsi'tor]
passageiro (m)	pasager (m)	[pasa'dʒer]
revisor (m)	controlor (m)	[kontro'lor]
corredor (m)	coridor (n)	[kori'dor]
freio (m) de emergência	semnal (n) de alarmă	[sem'nal de a'larmə]
compartimento (m)	compartiment (n)	[komparti'ment]
cama (f)	cuşetă (f)	[ku'ʃetə]
cama (f) de cima	patul (n) de sus	['patul de sus]
cama (f) de baixo	patul (n) de jos	['patul de ʒos]
roupa (f) de cama	lenjerie (f) de pat	[lenʒe'rie de pat]
bilhete (m)	bilet (n)	[bi'let]
horário (m)	orar (n)	[o'rar]
painel (m) de informação	panou (n)	[pa'nou]
partir (vt)	a pleca	[a ple'ka]
partida (f)	plecare (f)	[ple'kare]
chegar (vi)	a sosi	[a so'si]
chegada (f)	sosire (f)	[so'sire]
chegar de comboio	a veni cu trenul	[a ve'ni ku 'trenul]
apanhar o comboio	a se aşeza în tren	[a se aʃe'za in tren]
sair do comboio	a coborî din tren	[a kobo'ri din tren]
acidente (m) ferroviário	accident (n) de tren	[aktʃi'dent de tren]
locomotiva (f) a vapor	locomotivă (f)	[lokomo'tivə]
fogueiro (m)	fochist (m)	[fo'kist]
fornalha (f)	focar (n)	[fo'kar]
carvão (m)	cărbune (m)	[kər'bune]

107. Barco

navio (m)	corabie (f)	[ko'rabie]
embarcação (f)	navă (f)	['navə]

vapor (m)	vapor (n)	[va'por]
navio (m)	motonavă (f)	[moto'navə]
transatlântico (m)	vas (n) de croazieră	[vas de kroa'zjerə]
cruzador (m)	crucişător (n)	[kruʧiʃə'tor]

iate (m)	iaht (n)	[jaht]
rebocador (m)	remorcher (n)	[remor'ker]
barcaça (f)	şlep (n)	[ʃlep]
ferry (m)	bac (n)	[bak]

veleiro (m)	velier (n)	[ve'ljer]
bergantim (m)	brigantină (f)	[brigan'tinə]

quebra-gelo (m)	spărgător (n) de gheaţă	[spərgə'tor de 'gɨaʦə]
submarino (m)	submarin (n)	[subma'rin]

bote, barco (m)	barcă (f)	['barkə]
bote, dingue (m)	şalupă (f)	[ʃa'lupə]
bote (m) salva-vidas	şalupă (f) de salvare	[ʃa'lupə de sal'vare]
lancha (f)	cuter (n)	['kuter]

capitão (m)	căpitan (m)	[kəpi'tan]
marinheiro (m)	marinar (m)	[mari'nar]
marujo (m)	marinar (m)	[mari'nar]
tripulação (f)	echipaj (n)	[eki'paʒ]

contramestre (m)	şef (m) de echipaj	[ʃef de eki'paʒ]
grumete (m)	mus (m)	[mus]
cozinheiro (m) de bordo	bucătar (m)	[buke'tar]
médico (m) de bordo	medic (m) pe navă	['medik pe 'navə]

convés (m)	teugă (f)	[te'ugə]
mastro (m)	catarg (n)	[ka'targ]
vela (f)	velă (f)	['velə]

porão (m)	cală (f)	['kalə]
proa (f)	proră (f)	['prorə]
popa (f)	pupă (f)	['pupə]
remo (m)	vâslă (f)	['vislə]
hélice (f)	elice (f)	[e'liʧe]

camarote (m)	cabină (f)	[ka'binə]
sala (f) dos oficiais	salonul (n) ofiţerilor	[sa'lonul ofi'ʦerilor]
sala (f) das máquinas	sala (f) maşinilor	['sala ma'ʃinilor]
ponte (m) de comando	punte (f) de comandă	['punte de ko'mandə]
sala (f) de comunicações	staţie (f) de radio	['staʦie de 'radio]
onda (f) de rádio	undă (f)	['undə]
diário (m) de bordo	jurnal (n) de bord	[ʒur'nal de bord]
luneta (f)	lunetă (f)	[lu'netə]
sino (m)	clopot (n)	['klopot]

bandeira (f)	steag (n)	['st'ag]
cabo (m)	parâmă (f)	[pa'rimə]
nó (m)	nod (n)	[nod]

corrimão (m)	bară (f)	['barə]
prancha (f) de embarque	pasarelă (f)	[pasa'relə]

âncora (f)	ancoră (f)	['ankorə]
recolher a âncora	a ridica ancora	[a ridi'ka 'ankora]
lançar a âncora	a ancora	[a anko'ra]
amarra (f)	lanţ (n) de ancoră	[lants de 'ankorə]

porto (m)	port (n)	[port]
cais, amarradouro (m)	acostare (f)	[akos'tare]
atracar (vi)	a acosta	[a akos'ta]
desatracar (vi)	a demara	[a dema'ra]

viagem (f)	călătorie (f)	[kələto'rie]
cruzeiro (m)	croazieră (f)	[kroa'zjerə]
rumo (m), rota (f)	direcţie (f)	[di'rektsie]
itinerário (m)	rută (f)	['rutə]

canal (m) navegável	cale (f) navigabilă	['kale navi'gabilə]
banco (m) de areia	banc (n) de nisip	[bank de ni'sip]
encalhar (vt)	a se împotmoli	[a se impotmo'li]

tempestade (f)	furtună (f)	[fur'tunə]
sinal (m)	semnal (n)	[sem'nal]
afundar-se (vr)	a se scufunda	[a se skufun'da]
SOS	SOS	[sos]
boia (f) salva-vidas	colac (m) de salvare	[ko'lak de sal'vare]

108. Aeroporto

aeroporto (m)	aeroport (n)	[aero'port]
avião (m)	avion (n)	[a'vjon]
companhia (f) aérea	companie (f) aeriană	[kompa'nie aeri'ane]
controlador (m) de tráfego aéreo	dispecer (n)	[dis'petʃer]

partida (f)	decolare (f)	[deko'lare]
chegada (f)	aterizare (f)	[ateri'zare]
chegar (~ de avião)	a ateriza	[a ateri'za]

hora (f) de partida	ora (f) decolării	['ora dekolərij]
hora (f) de chegada	ora (f) aterizării	['ora aterizərij]

estar atrasado	a întârzia	[a intir'zija]
atraso (m) de voo	întârzierea (f) zborului	[intirzjer'a 'zboruluj]

painel (m) de informação	panou (n)	[pa'nou]
informação (f)	informaţie (f)	[infor'matsie]
anunciar (vt)	a anunţa	[a anun'tsa]
voo (m)	cursă (f)	['kursə]

alfândega (f)	vamă (f)	['vamə]
funcionário (m) da alfândega	vameş (m)	['vameʃ]
declaração (f) alfandegária	declaraţie (f)	[dekla'ratsie]
preencher (vt)	a completa	[a komple'ta]
preencher a declaração	a completa declaraţia	[a komple'ta dekla'ratsija]
controlo (m) de passaportes	controlul (n) paşapoartelor	[kon'trolul paʃapo'artelor]
bagagem (f)	bagaj (n)	[ba'gaʒ]
bagagem (f) de mão	bagaj (n) de mână	[ba'gaʒ de 'minə]
carrinho (m)	cărucior (n) pentru bagaj	[kəru'tʃior 'pentru ba'gaʒ]
aterragem (f)	aterizare (f)	[ateri'zare]
pista (f) de aterragem	pistă (f) de aterizare	['pistə de ateri'zare]
aterrar (vi)	a ateriza	[a ateri'za]
escada (f) de avião	scară (f)	['skarə]
check-in (m)	înregistrare (f)	[inredʒis'trare]
balcão (m) do check-in	birou (n) de înregistrare	[bi'rou de inredʒis'trare]
fazer o check-in	a se înregistra	[a se inredʒis'tra]
cartão (m) de embarque	număr (n) de bord	['numər de bord]
porta (f) de embarque	debarcare (f)	[debar'kare]
trânsito (m)	tranzit (n)	['tranzit]
esperar (vi, vt)	a aştepta	[a aʃtep'ta]
sala (f) de espera	sală (f) de aşteptare	['salə de aʃtep'tare]
despedir-se de ...	a conduce	[a kon'dutʃe]
despedir-se (vr)	a-şi lua rămas bun	[aʃ lu'a rə'mas bun]

Eventos

109. Férias. Evento

festa (f)	sărbătoare (f)	[sərbəto'are]
festa (f) nacional	sărbătoare (f) națională	[sərbəto'are natsio'nalə]
feriado (m)	zi (f) de sărbătoare	[zi de sərbəto'are]
festejar (vt)	a sărbători	[a sərbəto'ri]
evento (festa, etc.)	eveniment (n)	[eveni'ment]
evento (banquete, etc.)	manifestare (f)	[manifes'tare]
banquete (m)	banchet (n)	[ban'ket]
receção (f)	recepție (f)	[re'ʧeptsie]
festim (m)	ospăț (n)	[os'pəts]
aniversário (m)	aniversare (f)	[aniver'sare]
jubileu (m)	jubileu (n)	[ʒubi'leu]
celebrar (vt)	a sărbători	[a sərbəto'ri]
Ano (m) Novo	Anul (m) Nou	['anul 'nou]
Feliz Ano Novo!	La Mulți Ani!	[la 'multsʲ anʲ]
Natal (m)	Crăciun (n)	[krə'ʧiun]
Feliz Natal!	Crăciun Fericit!	[krə'ʧiun feri'ʧit]
árvore (f) de Natal	pom (m) de Crăciun	[pom de krə'ʧiun]
fogo (m) de artifício	artificii (n)	[arti'fiʧij]
boda (f)	nuntă (f)	['nuntə]
noivo (m)	mire (m)	['mire]
noiva (f)	mireasă (f)	[mi'rʲasə]
convidar (vt)	a invita	[a invi'ta]
convite (m)	invitație (f)	[invi'tatsie]
convidado (m)	oaspete (m)	[o'aspete]
visitar (vt)	a merge în ospeție	[a 'merʤe in ospe'tsie]
receber os hóspedes	a întâmpina oaspeții	[a intimpi'na o'aspetsij]
presente (m)	cadou (n)	[ka'dou]
oferecer (vt)	a dărui	[a dəru'i]
receber presentes	a primi cadouri	[a pri'mi ka'dourʲ]
ramo (m) de flores	buchet (n)	[bu'ket]
felicitações (f pl)	urare (f)	[u'rare]
felicitar (dar os parabéns)	a felicita	[a feliʧi'ta]
cartão (m) de parabéns	felicitare (f)	[feliʧi'tare]
enviar um postal	a expedia o felicitare	[a ekspedi'ja o feliʧi'tare]
receber um postal	a primi o felicitare	[a pri'mi o feliʧi'tare]
brinde (m)	toast (n)	[tost]

oferecer (vt)	a servi	[a ser'vi]
champanhe (m)	şampanie (f)	[ʃam'panie]
divertir-se (vr)	a se veseli	[a se vese'li]
diversão (f)	veselie (f)	[vese'lie]
alegria (f)	bucurie (f)	[buku'rie]
dança (f)	dans (n)	[dans]
dançar (vi)	a dansa	[a dan'sa]
valsa (f)	vals (n)	[vals]
tango (m)	tangou (n)	[tan'gou]

110. Funerais. Enterro

cemitério (m)	cimitir (n)	[tʃimi'tir]
sepultura (f), túmulo (m)	mormânt (n)	[mor'mint]
cruz (f)	cruce (f)	['krutʃe]
lápide (f)	piatră funerară (n)	['pjatrə fune'rarə]
cerca (f)	gard (n)	[gard]
capela (f)	capelă (f)	[ka'pelə]
morte (f)	moarte (f)	[mo'arte]
morrer (vi)	a muri	[a mu'ri]
defunto (m)	mort (m)	[mort]
luto (m)	doliu (n)	['dolju]
enterrar, sepultar (vt)	a îngropa	[a ingro'pa]
agência (f) funerária	pompe (f pl) funebre	['pompe fu'nebre]
funeral (m)	înmormântare (f)	[inmormin'tare]
coroa (f) de flores	cunună (f)	[ku'nunə]
caixão (m)	sicriu (n)	[si'kriu]
carro (m) funerário	dric (n)	[drik]
mortalha (f)	giulgiu (n)	['dʒiuldʒiu]
urna (f) funerária	urnă (f) funerară	['urnə fune'rarə]
crematório (m)	crematoriu (n)	[krema'torju]
obituário (m), necrologia (f)	necrolog (m)	[nekro'log]
chorar (vi)	a plânge	[a 'plindʒe]
soluçar (vi)	a plânge în hohote	[a 'plindʒe in 'hohote]

111. Guerra. Soldados

pelotão (m)	pluton (n)	[plu'ton]
companhia (f)	companie (f)	[kompa'nie]
regimento (m)	regiment (n)	[redʒi'ment]
exército (m)	armată (f)	[ar'matə]
divisão (f)	divizie (f)	[di'vizie]
destacamento (m)	detaşament (n)	[detaʃa'ment]
hoste (f)	armată (f)	[ar'matə]

soldado (m)	soldat (m)	[sol'dat]
oficial (m)	ofițer (m)	[ofi'tser]

soldado (m) raso	soldat (m)	[sol'dat]
sargento (m)	sergent (m)	[ser'dʒent]
tenente (m)	locotenent (m)	[lokote'nent]
capitão (m)	căpitan (m)	[kəpi'tan]
major (m)	maior (m)	[ma'jor]
coronel (m)	colonel (m)	[kolo'nel]
general (m)	general (m)	[dʒene'ral]

marujo (m)	marinar (m)	[mari'nar]
capitão (m)	căpitan (m)	[kəpi'tan]
contramestre (m)	șef (m) de echipaj	[ʃef de eki'paʒ]

artilheiro (m)	artilerist (m)	[artile'rist]
soldado (m) paraquedista	parașutist (m)	[paraʃu'tist]
piloto (m)	pilot (m)	[pi'lot]
navegador (m)	navigator (m)	[naviga'tor]
mecânico (m)	mecanic (m)	[me'kanik]

sapador (m)	genist (m)	[dʒe'nist]
paraquedista (m)	parașutist (m)	[paraʃu'tist]
explorador (m)	cercetaș (m)	[tʃertʃe'taʃ]
franco-atirador (m)	lunetist (m)	[lune'tist]

patrulha (f)	patrulă (f)	[pa'trulə]
patrulhar (vt)	a patrula	[a patru'la]
sentinela (f)	santinelă (f)	[santi'nelə]

guerreiro (m)	ostaș (m)	[os'taʃ]
patriota (m)	patriot (m)	[patri'ot]
herói (m)	erou (m)	[e'rou]
heroína (f)	eroină (f)	[ero'inə]

traidor (m)	trădător (m)	[trədə'tor]
desertor (m)	dezertor (m)	[dezer'tor]
desertar (vt)	a dezerta	[a dezer'ta]

mercenário (m)	mercenar (m)	[mertʃe'nar]
recruta (m)	recrut (m)	[re'krut]
voluntário (m)	voluntar (m)	[volun'tar]

morto (m)	ucis (m)	[u'tʃis]
ferido (m)	rănit (m)	[rə'nit]
prisioneiro (m) de guerra	prizonier (m)	[prizo'njer]

112. Guerra. Ações militares. Parte 1

guerra (f)	război (n)	[rəz'boj]
guerrear (vt)	a lupta	[a lup'ta]
guerra (f) civil	război (n) civil	[rəz'boj tʃi'vil]
perfidamente	în mod perfid	[in mod per'fid]
declaração (f) de guerra	declarare (f)	[dekla'rare]

declarar (vt) guerra	a declara	[a dekla'ra]
agressão (f)	agresiune (f)	[agresi'une]
atacar (vt)	a ataca	[a ata'ka]
invadir (vt)	a captura	[a kaptu'ra]
invasor (m)	cotropitor (m)	[kotropi'tor]
conquistador (m)	cuceritor (m)	[kutʃeri'tor]
defesa (f)	apărare (f)	[apə'rare]
defender (vt)	a apăra	[a apə'ra]
defender-se (vr)	a se apăra	[a se apə'ra]
inimigo (m)	duşman (m)	[duʃ'man]
adversário (m)	adversar (m)	[adver'sar]
inimigo	duşmănos	[duʃmə'nos]
estratégia (f)	strategie (f)	[strate'dʒie]
tática (f)	tactică (f)	['taktikə]
ordem (f)	ordin (n)	['ordin]
comando (m)	comandă (f)	[ko'mandə]
ordenar (vt)	a ordona	[a ordo'na]
missão (f)	misiune (f)	[misi'une]
secreto	secret	[se'kret]
batalha (f)	bătălie (f)	[bətə'lie]
combate (m)	luptă (f)	['luptə]
ataque (m)	atac (n)	[a'tak]
assalto (m)	asalt (n)	[a'salt]
assaltar (vt)	a asalta	[a asal'ta]
assédio, sítio (m)	asediu (n)	[a'sedju]
ofensiva (f)	atac (n)	[a'tak]
passar à ofensiva	a ataca	[a ata'ka]
retirada (f)	retragere (f)	[re'tradʒere]
retirar-se (vr)	a se retrage	[a se re'tradʒe]
cerco (m)	încercuire (f)	[intʃerku'ire]
cercar (vt)	a încercui	[a intʃerku'i]
bombardeio (m)	bombardament (n)	[bombarda'ment]
lançar uma bomba	a arunca o bombă	[a arun'ka o 'bombə]
bombardear (vt)	a bombarda	[a bombar'da]
explosão (f)	explozie (f)	[eks'plozie]
tiro (m)	împuşcătură (f)	[impuʃkə'turə]
disparar um tiro	a împuşca	[a impuʃ'ka]
tiroteio (m)	foc (n)	[fok]
apontar para ...	a ţinti	[a tsin'ti]
apontar (vt)	a îndrepta	[a indrep'ta]
acertar (vt)	a nimeri	[a nime'ri]
afundar (um navio)	a scufunda	[a skufun'da]
brecha (f)	gaură (f)	['gaurə]

afundar-se (vr)	a se scufunda	[a se skufun'da]
frente (m)	front (n)	[front]
evacuação (f)	evacuare (f)	[evaku'are]
evacuar (vt)	a evacua	[a evaku'a]
trincheira (f)	tranşee (f)	[tran'ʃee]
arame (m) farpado	sârmă (f) ghimpată	['sɨrmə gim'patə]
obstáculo (m) anticarro	îngrădire (f)	[ɨngrə'dire]
torre (f) de vigia	turlă (f)	['turlə]
hospital (m)	spital (n)	[spi'tal]
ferir (vt)	a răni	[a rə'ni]
ferida (f)	rană (f)	['ranə]
ferido (m)	rănit (m)	[rə'nit]
ficar ferido	a fi rănit	[a fi rə'nit]
grave (ferida ~)	serios	[se'rjos]

113. Guerra. Ações militares. Parte 2

cativeiro (m)	prizonierat (n)	[prizonie'rat]
capturar (vt)	a lua prizonier	[a lu'a prizo'njer]
estar em cativeiro	a fi prizonier	[a fi prizo'njer]
ser aprisionado	a cădea prizonier	[a kə'dʲa prizo'njer]
campo (m) de concentração	lagăr (n) de concentrare	['lagər de kontʃen'trare]
prisioneiro (m) de guerra	prizonier (m)	[prizo'njer]
escapar (vi)	a evada	[a eva'da]
trair (vt)	a trăda	[a trə'da]
traidor (m)	trădător (m)	[trədə'tor]
traição (f)	trădare (f)	[trə'dare]
fuzilar, executar (vt)	a împuşca	[a ɨmpuʃ'ka]
fuzilamento (m)	împuşcare (f)	[ɨmpuʃ'kare]
equipamento (m)	echipare (f)	[eki'pare]
platina (f)	epolet (m)	[epo'let]
máscara (f) antigás	mască (f) de gaze	['maskə de 'gaze]
rádio (m)	staţie (f) de radio	['statsie de 'radio]
cifra (f), código (m)	cifru (n)	['tʃifru]
conspiração (f)	conspiraţie (f)	[konspi'ratsie]
senha (f)	parolă (f)	[pa'rolə]
mina (f)	mină (f)	['minə]
minar (vt)	a mina	[a mi'na]
campo (m) minado	câmp (n) minat	[kɨmp mi'nat]
alarme (m) aéreo	alarmă (f) aeriană	[a'larmə aeri'anə]
alarme (m)	alarmă (f)	[a'larmə]
sinal (m)	semnal (n)	[sem'nal]
sinalizador (m)	rachetă (f) de semnalizare	[ra'ketə de semnali'zare]
estado-maior (m)	stat-major (n)	[stat ma'ʒor]
reconhecimento (m)	cercetare (f)	[tʃertʃe'tare]

situação (f)	condiții (f pl)	[kon'ditsij]
relatório (m)	raport (n)	[ra'port]
emboscada (f)	ambuscadă (f)	[ambus'kadə]
reforço (m)	întărire (f)	[intə'rire]
alvo (m)	țintă (f)	['tsintə]
campo (m) de tiro	poligon (n)	[poli'gon]
manobras (f pl)	manevre (f pl)	[ma'nevre]
pânico (m)	panică (f)	['panikə]
devastação (f)	ruină (f)	[ru'inə]
ruínas (f pl)	distrugere (f)	[dis'trudʒere]
destruir (vt)	a distruge	[a dis'trudʒe]
sobreviver (vi)	a scăpa cu viață	[a skə'pa ku 'vjatsə]
desarmar (vt)	a dezarma	[a dezar'ma]
manusear (vt)	a mânui	[a minu'i]
Firmes!	Drepți!	[drepts]
Descansar!	Pe loc repaus!	[pe lok re'paus]
façanha (f)	faptă (f) eroică	['faptə ero'ikə]
juramento (m)	jurământ (n)	[ʒurə'mint]
jurar (vi)	a jura	[a ʒu'ra]
condecoração (f)	premiu (n)	['premju]
condecorar (vt)	a premia	[a premi'ja]
medalha (f)	medalie (f)	[me'dalie]
ordem (f)	ordin (n)	['ordin]
vitória (f)	victorie (f)	[vik'torie]
derrota (f)	înfrângere (f)	[in'frindʒere]
armistício (m)	armistițiu (n)	[armis'titsju]
bandeira (f)	drapel (n)	[dra'pel]
glória (f)	glorie (f)	['glorie]
desfile (m) militar	paradă (f)	[pa'radə]
marchar (vi)	a mărşălui	[a mərʃəlu'i]

114. Armas

arma (f)	armă (f)	['armə]
arma (f) de fogo	armă (f) de foc	['armə de fok]
arma (f) branca	armă (f) albă	['armə 'albə]
arma (f) química	armă (f) chimică	['armə 'kimikə]
nuclear	nuclear	[nukle'ar]
arma (f) nuclear	armă (f) nucleară	['armə nukle'arə]
bomba (f)	bombă (f)	['bombə]
bomba (f) atómica	bombă (f) atomică	['bombə a'tomikə]
pistola (f)	pistol (n)	[pis'tol]
caçadeira (f)	armă (f)	['armə]

pistola-metralhadora (f)	automat (n)	[auto'mat]
metralhadora (f)	mitralieră (f)	[mitra'ljerə]
boca (f)	gură (f)	['gurə]
cano (m)	țeavă (f)	['tsʲavə]
calibre (m)	calibru (n)	[ka'libru]
gatilho (m)	cocoș (m)	[ko'koʃ]
mira (f)	înălțător (n)	[inəltsə'tor]
carregador (m)	magazie (f)	[maga'zie]
coronha (f)	patul (n) de pușcă	['patul de 'puʃka]
granada (f) de mão	grenadă (f)	[gre'nadə]
explosivo (m)	exploziv (n)	[eksplo'ziv]
bala (f)	glonț (n)	[glonts]
cartucho (m)	cartuș (n)	[kar'tuʃ]
carga (f)	încărcătură (f)	[inkərkə'turə]
munições (f pl)	muniții (f pl)	[mu'nitsij]
bombardeiro (m)	bombardier (n)	[bombar'djer]
avião (m) de caça	distrugător (n)	[distrugə'tor]
helicóptero (m)	elicopter (n)	[elikop'ter]
canhão (m) antiaéreo	tun (n) antiaerian	[tun antiaeri'an]
tanque (m)	tanc (n)	[tank]
canhão (de um tanque)	tun (n)	[tun]
artilharia (f)	artilerie (f)	[artile'rie]
fazer a pontaria	a îndrepta	[a indrep'ta]
obus (m)	proiectil (n)	[proek'til]
granada (f) de morteiro	mină (f)	['minə]
morteiro (m)	aruncător (n) de mine	[arunkə'tor de 'mine]
estilhaço (m)	schijă (f)	['skiʒə]
submarino (m)	submarin (n)	[subma'rin]
torpedo (m)	torpilă (f)	[tor'pilə]
míssil (m)	rachetă (f)	[ra'ketə]
carregar (uma arma)	a încărca	[a inkər'ka]
atirar, disparar (vi)	a trage	[a 'tradʒe]
apontar para ...	a ținti	[a tsin'ti]
baioneta (f)	baionetă (f)	[bajo'netə]
espada (f)	spadă (f)	['spadə]
sabre (m)	sabie (f)	['sabie]
lança (f)	suliță (f)	['sulitsə]
arco (m)	arc (n)	[ark]
flecha (f)	săgeată (f)	[sə'dʒʲatə]
mosquete (m)	flintă (f)	['flintə]
besta (f)	arbaletă (f)	[arba'letə]

115. Povos da antiguidade

primitivo	primitiv	[primi'tiv]
pré-histórico	preistoric	[preis'torik]
antigo	străvechi	[strə'vekʲ]
Idade (f) da Pedra	Epoca (f) de piatră	['epoka de 'pjatrə]
Idade (f) do Bronze	Epoca (f) de bronz	['epoka de 'bronz]
período (m) glacial	Epoca (f) glaciară	['epoka glaʧi'arə]
tribo (f)	trib (n)	[trib]
canibal (m)	canibal (m)	[kani'bal]
caçador (m)	vânător (m)	[vinə'tor]
caçar (vi)	a vâna	[a vi'na]
mamute (m)	mamut (m)	[ma'mut]
caverna (f)	peșteră (f)	['peʃterə]
fogo (m)	foc (n)	[fok]
fogueira (f)	foc (n) de tabără	[fok də ta'bərə]
pintura (f) rupestre	desen (n) pe piatră	[de'sen pe 'pjatrə]
ferramenta (f)	unealtă (f)	[u'nʲaltə]
lança (f)	suliță (f)	['suliʦə]
machado (m) de pedra	topor (n) de piatră	[to'por din 'pjatrə]
guerrear (vt)	a lupta	[a lup'ta]
domesticar (vt)	a domestici	[a domesti'tʃi]
ídolo (m)	idol (m)	['idol]
adorar, venerar (vt)	a se închina	[a se ɨnki'na]
superstição (f)	superstiție (f)	[supers'tiʦsie]
evolução (f)	evoluție (f)	[evo'luʦsie]
desenvolvimento (m)	dezvoltare (f)	[dezvol'tare]
desaparecimento (m)	dispariție (f)	[dispa'riʦsie]
adaptar-se (vr)	a se acomoda	[a se akomo'da]
arqueologia (f)	arheologie (f)	[arheolo'dʒie]
arqueólogo (m)	arheolog (m)	[arheo'log]
arqueológico	arheologic	[arheo'lodʒik]
local (m) das escavações	săpături (f pl)	[səpə'turʲ]
escavações (f pl)	săpături (f pl)	[səpə'turʲ]
achado (m)	descoperire (f)	[deskope'rire]
fragmento (m)	fragment (n)	[frag'ment]

116. Idade média

povo (m)	popor (n)	[po'por]
povos (m pl)	popoare (n pl)	[popo'are]
tribo (f)	trib (n)	[trib]
tribos (f pl)	triburi (n pl)	['triburʲ]
bárbaros (m pl)	barbari (m pl)	[bar'barʲ]
gauleses (m pl)	gali (m pl)	[galʲ]

godos (m pl)	goți (m pl)	[gotsʲ]
eslavos (m pl)	slavi (m pl)	[slavʲ]
víquingues (m pl)	vikingi (m pl)	['vikindʒʲ]
romanos (m pl)	romani (m pl)	[ro'manʲ]
romano	roman	[ro'man]
bizantinos (m pl)	bizantinieni (m pl)	[bizantini'enʲ]
Bizâncio	Imperiul (n) Bizantin	[im'perjul bizan'tin]
bizantino	bizantin	[bizan'tin]
imperador (m)	împărat (m)	[ɨmpə'rat]
líder (m)	căpetenie (f)	[kəpe'tenie]
poderoso	puternic	[pu'ternik]
rei (m)	rege (m)	['redʒe]
governante (m)	conducător (m)	[konduke'tor]
cavaleiro (m)	cavaler (m)	[kava'ler]
senhor feudal (m)	feudal (m)	[feu'dal]
feudal	feudal	[feu'dal]
vassalo (m)	vasal (m)	[va'sal]
duque (m)	duce (m)	['dutʃe]
conde (m)	conte (m)	['konte]
barão (m)	baron (m)	[ba'ron]
bispo (m)	episcop (m)	[e'piskop]
armadura (f)	armură (f)	[ar'murə]
escudo (m)	scut (n)	[skut]
espada (f)	sabie (f)	['sabie]
viseira (f)	vizieră (f)	[vi'zjerə]
cota (f) de malha	zale (f pl)	['zale]
cruzada (f)	cruciadă (f)	[krutʃi'adə]
cruzado (m)	cruciat (m)	[krutʃi'at]
território (m)	teritoriu (n)	[teri'torju]
atacar (vt)	a ataca	[a ata'ka]
conquistar (vt)	a cuceri	[a kutʃe'ri]
ocupar, invadir (vt)	a cotropi	[a kotro'pi]
assédio, sítio (m)	asediu (n)	[a'sedju]
sitiado	asediat (m)	[asedi'at]
assediar, sitiar (vt)	a asedia	[a asedi'a]
inquisição (f)	inchiziție (f)	[inki'zitsie]
inquisidor (m)	inchizitor (m)	[inkizi'tor]
tortura (f)	tortură (f)	[tor'turə]
cruel	crud	[krud]
herege (m)	eretic (m)	[e'retik]
heresia (f)	erezie (f)	[ere'zie]
navegação (f) marítima	navigație (f) maritimă	[navi'gatsie ma'ritime]
pirata (m)	pirat (m)	[pi'rat]
pirataria (f)	piraterie (f)	[pirate'rie]
abordagem (f)	abordaj (n)	[abor'daʒ]

presa (f), butim (m)	captură (f)	[kap'turə]
tesouros (m pl)	comoară (f)	[komo'arə]
descobrimento (m)	descoperire (f)	[deskope'rire]
descobrir (novas terras)	a descoperi	[a deskope'ri]
expedição (f)	expediție (f)	[ekspe'ditsie]
mosqueteiro (m)	mușchetar (m)	[muʃke'tar]
cardeal (m)	cardinal (m)	[kardi'nal]
heráldica (f)	heraldică (f)	[he'raldikə]
heráldico	heraldic	[he'raldik]

117. Líder. Chefe. Autoridades

rei (m)	rege (m)	['redʒe]
rainha (f)	regină (f)	[re'dʒinə]
real	regal	[re'gal]
reino (m)	regat (n)	[re'gat]
príncipe (m)	prinț (m)	[prints]
princesa (f)	prințesă (f)	[prin'tsesə]
presidente (m)	președinte (m)	[preʃe'dinte]
vice-presidente (m)	vice-președinte (m)	['vitʃe preʃe'dinte]
senador (m)	senator (m)	[sena'tor]
monarca (m)	monarh (m)	[mo'narh]
governante (m)	conducător (m)	[kondukə'tor]
ditador (m)	dictator (m)	[dikta'tor]
tirano (m)	tiran (m)	[ti'ran]
magnata (m)	magnat (m)	[mag'nat]
diretor (m)	director (m)	[di'rektor]
chefe (m)	șef (m)	[ʃef]
dirigente (m)	manager (m)	['menedʒə]
patrão (m)	boss (m)	[bos]
dono (m)	patron (m)	[pa'tron]
chefe (~ de delegação)	șef (m)	[ʃef]
autoridades (f pl)	autorități (f pl)	[autoritətsʲ]
superiores (m pl)	conducere (f)	[kon'dutʃere]
governador (m)	guvernator (m)	[guverna'tor]
cônsul (m)	consul (m)	['konsul]
diplomata (m)	diplomat (m)	[diplo'mat]
Presidente (m) da Câmara	primar (m)	[pri'mar]
xerife (m)	șerif (m)	[ʃə'rif]
imperador (m)	împărat (m)	[impə'rat]
czar (m)	țar (m)	[tsar]
faraó (m)	faraon (m)	[fara'on]
cã (m)	han (m)	[han]

118. Viloação da lei. Criminosos. Parte 1

bandido (m)	bandit (m)	[ban'dit]
crime (m)	crimă (f)	['krimə]
criminoso (m)	criminal (m)	[krimi'nal]
ladrão (m)	hoţ (m)	[hots]
roubar (vt)	a fura	[a fu'ra]
furto (m)	hoţie (f)	[ho'tsie]
furto (m)	furt (n)	[furt]
raptar (ex. ~ uma criança)	a răpi	[a rə'pi]
rapto (m)	răpire (f)	[rə'pire]
raptor (m)	răpitor (m)	[rəpi'tor]
resgate (m)	răscumpărare (f)	[rəskumpə'rare]
pedir resgate	a cere răscumpărare	[a 'tʃere rəskumpə'rare]
roubar (vt)	a jefui	[a ʒefu'i]
assalto, roubo (m)	jaf (n)	[ʒaf]
assaltante (m)	jefuitor (m)	[ʒefui'tor]
extorquir (vt)	a escroca	[a eskro'ka]
extorsionário (m)	escroc (m)	[es'krok]
extorsão (f)	escrocherie (f)	[eskroke'rie]
matar, assassinar (vt)	a ucide	[a u'tʃide]
homicídio (m)	asasinat (n)	[asasi'nat]
homicida, assassino (m)	asasin (m)	[asa'sin]
tiro (m)	împuşcătură (f)	[impuʃkə'turə]
dar um tiro	a împuşca	[a ɨmpuʃ'ka]
matar a tiro	a împuşca	[a ɨmpuʃ'ka]
atirar, disparar (vi)	a trage	[a 'tradʒə]
tiroteio (m)	focuri (n) de armă	['fokurʲ de 'armə]
incidente (m)	întâmplare (f)	[intɨm'plare]
briga (~ de rua)	bătaie (f)	[bə'tae]
vítima (f)	jertfă (f)	['ʒertfə]
danificar (vt)	a prejudicia	[a preʒuditʃi'a]
dano (m)	daună (f)	['daunə]
cadáver (m)	cadavru (n)	[ka'davru]
grave	grav	[grav]
atacar (vt)	a ataca	[a ata'ka]
bater (espancar)	a bate	[a 'bate]
espancar (vt)	a snopi în bătăi	[a sno'pi ɨn bətəj]
tirar, roubar (dinheiro)	a lua	[a lu'a]
esfaquear (vt)	a înjunghia	[a ɨnʒungi'ja]
mutilar (vt)	a schilodi	[a skilo'di]
ferir (vt)	a răni	[a rə'ni]
chantagem (f)	şantaj (n)	[ʃan'taʒ]
chantagear (vt)	a şantaja	[a ʃanta'ʒa]

chantagista (m)	şantajist (m)	[ʃantaˈʒist]
extorsão	banditism (n)	[bandiˈtizm]
(em troca de proteção)		
extorsionário (m)	bandit (m)	[banˈdit]
gângster (m)	gangster (m)	[ˈgangster]
máfia (f)	mafie (f)	[ˈmafie]
carteirista (m)	hoţ (m) de buzunare	[hots de buzuˈnare]
assaltante, ladrão (m)	spărgător (m)	[spərgəˈtor]
contrabando (m)	contrabandă (f)	[kontraˈbandə]
contrabandista (m)	contrabandist (m)	[kontrabanˈdist]
falsificação (f)	falsificare (f)	[falsifiˈkare]
falsificar (vt)	a falsifica	[a falsifiˈka]
falsificado	fals	[fals]

119. Viloação da lei. Criminosos. Parte 2

violação (f)	viol (n)	[viˈol]
violar (vt)	a viola	[a vioˈla]
violador (m)	violator (m)	[violaˈtor]
maníaco (m)	maniac (m)	[maniˈak]
prostituta (f)	prostituată (f)	[prostituˈatə]
prostituição (f)	prostituţie (f)	[prostiˈtutsie]
chulo (m)	proxenet (m)	[prokseˈnet]
toxicodependente (m)	narcoman (m)	[narkoˈman]
traficante (m)	vânzător (m) de droguri	[vɨnzəˈtor de ˈdrogurʲ]
explodir (vt)	a arunca în aer	[a arunˈka ɨn ˈaer]
explosão (f)	explozie (f)	[eksˈplozie]
incendiar (vt)	a incendia	[a intʃendiˈa]
incendiário (m)	incendiator (m)	[intʃendiaˈtor]
terrorismo (m)	terorism (n)	[teroˈrism]
terrorista (m)	terorist (m)	[teroˈrist]
refém (m)	ostatic (m)	[osˈtatik]
enganar (vt)	a înşela	[a ɨnʃeˈla]
engano (m)	înşelăciune (f)	[ɨnʃeləˈtʃiune]
vigarista (m)	şarlatan (m)	[ʃarlaˈtan]
subornar (vt)	a mitui	[a mituˈi]
suborno (atividade)	mituire (f)	[mituˈire]
suborno (dinheiro)	mită (f)	[ˈmitə]
veneno (m)	otravă (f)	[oˈtravə]
envenenar (vt)	a otrăvi	[a otrəˈvi]
envenenar-se (vr)	a se otrăvi	[a se otrəˈvi]
suicídio (m)	sinucidere (f)	[sinuˈtʃidere]
suicida (m)	sinucigaş (m)	[sinutʃiˈgaʃ]
ameaçar (vt)	a ameninţa	[a ameninˈtsa]

ameaça (f)	ameninţare (f)	[amenin'tsare]
atentar contra a vida de ...	a atenta la	[a aten'ta la]
atentado (m)	atentat (n)	[aten'tat]
roubar (o carro)	a goni	[a go'ni]
desviar (o avião)	a goni	[a go'ni]
vingança (f)	răzbunare (f)	[rəzbu'nare]
vingar (vt)	a răzbuna	[a rəzbu'na]
torturar (vt)	a tortura	[a tortu'ra]
tortura (f)	tortură (f)	[tor'turə]
atormentar (vt)	a chinui	[a kinu'i]
pirata (m)	pirat (m)	[pi'rat]
desordeiro (m)	huligan (m)	[huli'gan]
armado	înarmat	[inar'mat]
violência (f)	violenţă (f)	[vio'lentsə]
espionagem (f)	spionaj (n)	[spio'naʒ]
espionar (vi)	a spiona	[a spio'na]

120. Polícia. Lei. Parte 1

justiça (f)	justiţie (f)	[ʒus'titsie]
tribunal (m)	curte (f)	['kurte]
juiz (m)	judecător (m)	[ʒudekə'tor]
jurados (m pl)	juraţi (m pl)	[ʒu'ratsʲ]
tribunal (m) do júri	curte (f) de juraţi	['kurte de ʒu'ratsʲ]
julgar (vt)	a judeca	[a ʒude'ka]
advogado (m)	avocat (m)	[avo'kat]
réu (m)	acuzat (m)	[aku'zat]
banco (m) dos réus	banca (f) acuzaţilor	['banka aku'zatsilor]
acusação (f)	învinuire (f)	[invinu'ire]
acusado (m)	învinuit (m)	[invinu'it]
sentença (f)	verdict (n)	[ver'dikt]
sentenciar (vt)	a condamna	[a kondam'na]
culpado (m)	vinovat (m)	[vino'vat]
punir (vt)	a pedepsi	[a pedep'si]
punição (f)	pedeapsă (f)	[pe'dʲapsə]
multa (f)	amendă (f)	[a'mendə]
prisão (f) perpétua	închisoare (f) pe viaţă	[inkiso'are pe 'vjatsə]
pena (f) de morte	pedeapsă (f) capitală	[pe'dʲapsə kapi'talə]
cadeira (f) elétrica	scaun (n) electric	['skaun e'lektrik]
forca (f)	spânzurătoare (f)	[spinzurəto'are]
executar (vt)	a executa	[a egzeku'ta]
execução (f)	execuţie (f)	[egze'kutsie]

prisão (f)	închisoare (f)	[inkiso'are]
cela (f) de prisão	cameră (f)	['kamerə]
escolta (f)	convoi (n)	[kon'voj]
guarda (m) prisional	paznic (m)	['paznik]
preso (m)	arestat (m)	[ares'tat]
algemas (f pl)	cătuşe (f pl)	[kə'tuʃe]
algemar (vt)	a pune cătuşele	[a 'pune kə'tuʃele]
fuga, evasão (f)	evadare (f)	[eva'dare]
fugir (vi)	a evada	[a eva'da]
desaparecer (vi)	a dispărea	[a dispə'r'a]
soltar, libertar (vt)	a elibera	[a elibe'ra]
amnistia (f)	amnistie (f)	[am'nistie]
polícia (instituição)	poliţie (f)	[po'litsie]
polícia (m)	poliţist (m)	[poli'tsist]
esquadra (f) de polícia	secţie (f) de poliţie	['sektsie de po'litsie]
cassetete (m)	baston (n) de cauciuc	[bas'ton de kau'tʃiuk]
megafone (m)	portavoce (f)	[porta'votʃe]
carro (m) de patrulha	maşină (f) de patrulă	[ma'ʃine de pa'trulə]
sirene (f)	sirenă (f)	[si'renə]
ligar a sirene	a conecta sirena	[a konek'ta si'rena]
toque (m) da sirene	alarma (f) sirenei	[a'larma si'renej]
cena (f) do crime	locul (n) faptei	['lokul 'faptej]
testemunha (f)	martor (m)	['martor]
liberdade (f)	libertate (f)	[liber'tate]
cúmplice (m)	complice (m)	[kom'plitʃe]
escapar (vi)	a se ascunde	[a se as'kunde]
traço (não deixar ~s)	urmă (f)	['urmə]

121. Polícia. Lei. Parte 2

procura (f)	investigaţie (f)	[investi'gatsie]
procurar (vt)	a căuta	[a kəu'ta]
suspeita (f)	suspiciune (f)	[suspi'tʃi'une]
suspeito	suspect	[sus'pekt]
parar (vt)	a opri	[a op'ri]
deter (vt)	a reţine	[a re'tsine]
caso (criminal)	dosar (n)	[do'sar]
investigação (f)	anchetă (f)	[an'ketə]
detetive (m)	detectiv (m)	[detek'tiv]
investigador (m)	anchetator (m)	[anketa'tor]
versão (f)	versiune (f)	[versi'une]
motivo (m)	motiv (n)	[mo'tiv]
interrogatório (m)	interogatoriu (n)	[interoga'torju]
interrogar (vt)	a interoga	[a intero'ga]
questionar (vt)	a audia	[a audi'a]
verificação (f)	verificare (f)	[verifi'kare]

Portuguese	Romanian	Pronunciation
batida (f) policial	razie (f)	['razie]
busca (f)	percheziție (f)	[perke'zitsie]
perseguição (f)	urmărire (f)	[urmə'rire]
perseguir (vt)	a urmări	[a urmə'ri]
seguir (vt)	a urmări	[a urmə'ri]
prisão (f)	arestare (f)	[ares'tare]
prender (vt)	a aresta	[a ares'ta]
pegar, capturar (vt)	a prinde	[a 'prinde]
captura (f)	prindere (f)	['prindere]
documento (m)	act (n)	[akt]
prova (f)	dovadă (f)	[do'vadə]
provar (vt)	a dovedi	[a dove'di]
pegada (f)	amprentă (f)	[am'prentə]
impressões (f pl) digitais	amprente (f pl) digitale	[am'prente didʒi'tale]
prova (f)	probă (f)	['probə]
álibi (m)	alibi (n)	['alibi]
inocente	nevinovat (m)	[nevino'vat]
injustiça (f)	nedreptate (f)	[nedrep'tate]
injusto	nedrept	[ne'drept]
criminal	criminal (m)	[krimi'nal]
confiscar (vt)	a confisca	[a konfis'ka]
droga (f)	narcotic (n)	[nar'kotik]
arma (f)	armă (f)	['armə]
desarmar (vt)	a dezarma	[a dezar'ma]
ordenar (vt)	a ordona	[a ordo'na]
desaparecer (vi)	a dispărea	[a dispə'rʲa]
lei (f)	lege (f)	['ledʒe]
legal	legal	[le'gal]
ilegal	ilegal	[ile'gal]
responsabilidade (f)	responsabilitate (f)	[responsabili'tate]
responsável	responsabil	[respon'sabil]

NATUREZA

A Terra. Parte 1

122. Espaço sideral

cosmos (m)	cosmos (n)	['kosmos]
cósmico	cosmic	['kosmik]
espaço (m) cósmico	spațiu (n) cosmic	['spatsju 'kosmik]
galáxia (f)	galaxie (f)	[galak'sie]
estrela (f)	stea (f)	[st'a]
constelação (f)	constelație (f)	[konste'latsie]
planeta (m)	planetă (f)	[pla'netə]
satélite (m)	satelit (m)	[sate'lit]
meteorito (m)	meteorit (m)	[meteo'rit]
cometa (m)	cometă (f)	[ko'metə]
asteroide (m)	asteroid (m)	[astero'id]
órbita (f)	orbită (f)	[or'bitə]
girar (vi)	a se roti	[a se ro'ti]
atmosfera (f)	atmosferă (f)	[atmos'ferə]
Sol (m)	soare (n)	[so'are]
Sistema (m) Solar	sistem (n) solar	[sis'tem so'lar]
eclipse (m) solar	eclipsă (f) de soare	[ek'lipsə de so'are]
Terra (f)	Pământ (n)	[pə'mint]
Lua (f)	Lună (f)	['lunə]
Marte (m)	Marte (m)	['marte]
Vénus (f)	Venus (f)	['venus]
Júpiter (m)	Jupiter (m)	['ʒupiter]
Saturno (m)	Saturn (m)	[sa'turn]
Mercúrio (m)	Mercur (m)	[mer'kur]
Urano (m)	Uranus (m)	[u'ranus]
Neptuno (m)	Neptun (m)	[nep'tun]
Plutão (m)	Pluto (m)	['pluto]
Via Láctea (f)	Calea (f) Lactee	['kal'a lak'tee]
Ursa Maior (f)	Ursa (f) mare	['ursa 'mare]
Estrela Polar (f)	Steaua (f) polară	['st'awa po'larə]
marciano (m)	marțian (m)	[martsi'an]
extraterrestre (m)	extraterestru (m)	[ekstrate'restru]
alienígena (m)	extraterestru (m)	[ekstrate'restru]

disco (m) voador	farfurie (f) zburătoare	[farfu'rie zbureto'are]
nave (f) espacial	navă (f) spaţială	['nave spatsi'ale]
estação (f) orbital	staţie (f) orbitală	['statsie orbi'tale]
lançamento (m)	start (n)	[start]
motor (m)	motor (n)	[mo'tor]
bocal (m)	ajutaj (n)	[aʒu'taʒ]
combustível (m)	combustibil (m)	[kombus'tibil]
cabine (f)	cabină (f)	[ka'bine]
antena (f)	antenă (f)	[an'tene]
vigia (f)	hublou (n)	[hu'blou]
bateria (f) solar	baterie (f) solară	[bate'rie so'lare]
traje (m) espacial	scafandru (m)	[ska'fandru]
imponderabilidade (f)	imponderabilitate (f)	[imponderabili'tate]
oxigénio (m)	oxigen (n)	[oksi'dʒen]
acoplagem (f)	unire (f)	[u'nire]
fazer uma acoplagem	a uni	[a u'ni]
observatório (m)	observator (n) astronomic	[observa'tor astro'nomik]
telescópio (m)	telescop (n)	[tele'skop]
observar (vt)	a observa	[a obser'va]
explorar (vt)	a cerceta	[a tʃertʃe'ta]

123. A Terra

Terra (f)	Pământ (n)	[pe'mint]
globo terrestre (Terra)	globul (n) pământesc	['globul pemin'tesk]
planeta (m)	planetă (f)	[pla'nete]
atmosfera (f)	atmosferă (f)	[atmos'fere]
geografia (f)	geografie (f)	[dʒeogra'fie]
natureza (f)	natură (f)	[na'ture]
globo (mapa esférico)	glob (n)	[glob]
mapa (m)	hartă (f)	['harte]
atlas (m)	atlas (n)	[at'las]
Europa (f)	Europa (f)	[eu'ropa]
Ásia (f)	Asia (f)	['asia]
África (f)	Africa (f)	['afrika]
Austrália (f)	Australia (f)	[au'stralia]
América (f)	America (f)	[a'merika]
América (f) do Norte	America (f) de Nord	[a'merika de nord]
América (f) do Sul	America (f) de Sud	[a'merika de sud]
Antártida (f)	Antarctida (f)	[antark'tida]
Ártico (m)	Arctica (f)	['arktika]

124. Pontos cardeais

norte (m)	**nord** (n)	[nord]
para norte	**la nord**	[la nord]
no norte	**la nord**	[la nord]
do norte	**de nord**	[de nord]
sul (m)	**sud** (n)	[sud]
para sul	**la sud**	[la sud]
no sul	**la sud**	[la sud]
do sul	**de sud**	[de sud]
oeste, ocidente (m)	**vest** (n)	[vest]
para oeste	**la vest**	[la vest]
no oeste	**la vest**	[la vest]
ocidental	**de vest**	[de vest]
leste, oriente (m)	**est** (n)	[est]
para leste	**la est**	[la est]
no leste	**la est**	[la est]
oriental	**de est**	[de est]

125. Mar. Oceano

mar (m)	**mare** (f)	['mare]
oceano (m)	**ocean** (n)	[otʃə'an]
golfo (m)	**golf** (n)	[golf]
estreito (m)	**strâmtoare** (f)	[strimto'are]
continente (m)	**continent** (n)	[konti'nent]
ilha (f)	**insulă** (f)	['insulə]
península (f)	**peninsulă** (f)	[pe'ninsulə]
arquipélago (m)	**arhipelag** (n)	[arhipe'lag]
baía (f)	**golf** (n)	[golf]
porto (m)	**port** (n)	[port]
lagoa (f)	**lagună** (f)	[la'gunə]
cabo (m)	**cap** (n)	[kap]
atol (m)	**atol** (m)	[a'tol]
recife (m)	**recif** (m)	[re'tʃif]
coral (m)	**coral** (m)	[ko'ral]
recife (m) de coral	**recif** (m) **de corali**	[re'tʃif de ko'ralʲ]
profundo	**adânc**	[a'dɨnk]
profundidade (f)	**adâncime** (f)	[adɨn'tʃime]
abismo (m)	**abis** (n)	[a'bis]
fossa (f) oceânica	**groapă** (f)	[gro'apə]
corrente (f)	**curent** (n)	[ku'rent]
banhar (vt)	**a spăla**	[a spə'la]
litoral (m)	**mal** (n)	[mal]
costa (f)	**litoral** (n)	[lito'ral]

maré (f) alta	flux (n)	[fluks]
refluxo (m), maré (f) baixa	reflux (n)	[re'fluks]
restinga (f)	banc (n) de nisip	[bank de ni'sip]
fundo (m)	fund (n)	[fund]
onda (f)	val (n)	[val]
crista (f) da onda	creasta (f) valului	['kr'asta 'valuluj]
espuma (f)	spumă (f)	['spumə]
tempestade (f)	furtună (f)	[fur'tunə]
furacão (m)	uragan (m)	[ura'gan]
tsunami (m)	tsunami (n)	[tsu'nami]
calmaria (f)	timp (n) calm	[timp kalm]
calmo	liniştit	[liniʃ'tit]
polo (m)	pol (n)	[pol]
polar	polar	[po'lar]
latitude (f)	longitudine (f)	[londʒi'tudine]
longitude (f)	latitudine (f)	[lati'tudine]
paralela (f)	paralelă (f)	[para'lelə]
equador (m)	ecuator (n)	[ekua'tor]
céu (m)	cer (n)	[tʃer]
horizonte (m)	orizont (n)	[ori'zont]
ar (m)	aer (n)	['aer]
farol (m)	far (n)	[far]
mergulhar (vi)	a se scufunda	[a se skufun'da]
afundar-se (vr)	a se duce la fund	[a se dutʃe l'a fund]
tesouros (m pl)	comoară (f)	[komo'arə]

126. Nomes de Mares e Oceanos

Oceano (m) Atlântico	Oceanul (n) Atlantic	[otʃə'anul at'lantik]
Oceano (m) Índico	Oceanul (n) Indian	[otʃə'anul indi'an]
Oceano (m) Pacífico	Oceanul (n) Pacific	[otʃə'anul pa'tʃifik]
Oceano (m) Ártico	Oceanul (n) Îngheţat de Nord	[otʃə'anul inge'tsat de nord]
Mar (m) Negro	Marea (f) Neagră	['mar'a 'n'agrə]
Mar (m) Vermelho	Marea (f) Roşie	['mar'a 'roʃie]
Mar (m) Amarelo	Marea (f) Galbenă	['mar'a 'galbenə]
Mar (m) Branco	Marea (f) Albă	['mar'a 'albə]
Mar (m) Cáspio	Marea (f) Caspică	['mar'a 'kaspikə]
Mar (m) Morto	Marea (f) Moartă	['mar'a mo'artə]
Mar (m) Mediterrâneo	Marea (f) Mediterană	['mar'a medite'ranə]
Mar (m) Egeu	Marea (f) Egee	['mar'a e'dʒee]
Mar (m) Adriático	Marea (f) Adriatică	['mar'a adri'atikə]
Mar (m) Arábico	Marea (f) Arabiei	['mar'a a'rabiej]
Mar (m) do Japão	Marea (f) Japoneză	['mar'a ʒapo'nezə]

Mar (m) de Bering	Marea (f) Bering	['marʲa 'bering]
Mar (m) da China Meridional	Marea (f) Chinei de Sud	['marʲa 'kinej de sud]
Mar (m) de Coral	Marea (f) Coral	['marʲa ko'ral]
Mar (m) de Tasman	Marea (f) Tasmaniei	['marʲa tas'maniej]
Mar (m) do Caribe	Marea (f) Caraibelor	['marʲa kara'ibelor]
Mar (m) do Barents	Marea (f) Barents	['marʲa ba'renʦ]
Mar (m) de Kara	Marea (f) Kara	['marʲa 'kara]
Mar (m) do Norte	Marea (f) Nordului	['marʲa 'norduluj]
Mar (m) Báltico	Marea (f) Baltică	['marʲa 'baltikə]
Mar (m) da Noruega	Marea (f) Norvegiei	['marʲa nor'vedʒiej]

127. Montanhas

montanha (f)	munte (m)	['munte]
cordilheira (f)	lanţ (n) muntos	[lanʦ mun'tos]
serra (f)	lanţ (n) de munţi	[lanʦ de munʦ]
cume (m)	vârf (n)	[vɨrf]
pico (m)	culme (f)	['kulmə]
sopé (m)	poale (f pl)	[po'ale]
declive (m)	pantă (f)	['pantə]
vulcão (m)	vulcan (n)	[vul'kan]
vulcão (m) ativo	vulcan (n) activ	[vul'kan ak'tiv]
vulcão (m) extinto	vulcan (n) stins	[vul'kan stins]
erupção (f)	erupţie (f)	[e'ruptsie]
cratera (f)	crater (n)	['krater]
magma (m)	magmă (f)	['magmə]
lava (f)	lavă (f)	['lavə]
fundido (lava ~a)	încins	[ɨn'tʃins]
desfiladeiro (m)	canion (n)	[kani'on]
garganta (f)	defileu (n)	[defi'leu]
fenda (f)	pas (n)	[pas]
passo, colo (m)	trecătoare (f)	[trekəto'are]
planalto (m)	podiş (n)	[po'diʃ]
falésia (f)	stâncă (f)	['stɨnkə]
colina (f)	deal (n)	['dʲal]
glaciar (m)	gheţar (m)	[ge'ʦar]
queda (f) d'água	cascadă (f)	[kas'kadə]
géiser (m)	gheizer (m)	['gejzer]
lago (m)	lac (n)	[lak]
planície (f)	şes (n)	[ʃəs]
paisagem (f)	peisaj (n)	[pej'saʒ]
eco (m)	ecou (n)	[e'kou]
alpinista (m)	alpinist (m)	[alpi'nist]
escalador (m)	căţărător (m)	[kəʦərə'tor]

| conquistar (vt) | a cuceri | [a kuʧe'ri] |
| subida, escalada (f) | ascensiune (f) | [asʧensi'une] |

128. Nomes de montanhas

Alpes (m pl)	Alpi (m pl)	['alpʲ]
monte Branco (m)	Mont Blanc (m)	[mon 'blan]
Pirineus (m pl)	Pirinei (m)	[piri'nej]

Cárpatos (m pl)	Carpaţi (m pl)	[kar'paʦʲ]
montes (m pl) Urais	Munţii (m pl) Ural	['munʦij u'ral]
Cáucaso (m)	Caucaz (m)	[kau'kaz]
Elbrus (m)	Elbrus (m)	['elbrus]

Altai (m)	Altai (m)	[al'taj]
Tian Shan (m)	Tian-Şan (m)	['tjan 'ʃan]
Pamir (m)	Pamir (m)	[pa'mir]
Himalaias (m pl)	Himalaya	[hima'laja]
monte (m) Everest	Everest (m)	[eve'rest]

| Cordilheira (f) dos Andes | Anzi | ['anzʲ] |
| Kilimanjaro (m) | Kilimanjaro (m) | [kiliman'ʒaro] |

129. Rios

rio (m)	râu (n)	['riu]
fonte, nascente (f)	izvor (n)	[iz'vor]
leito (m) do rio	matcă (f)	['matkə]
bacia (f)	bazin (n)	[ba'zin]
desaguar no ...	a se vărsa	[a se vər'sa]

| afluente (m) | afluent (m) | [aflu'ent] |
| margem (do rio) | mal (n) | [mal] |

corrente (f)	curs (n)	[kurs]
rio abaixo	în josul apei	[in 'ʒosul 'apej]
rio acima	în susul apei	[in 'susul 'apej]

inundação (f)	inundaţie (f)	[inun'daʦie]
cheia (f)	revărsare (f) a apelor	[rever'sare a 'apelor]
transbordar (vi)	a se revărsa	[a se rever'sa]
inundar (vt)	a inunda	[a inun'da]

| banco (m) de areia | banc (n) de nisip | [bank de ni'sip] |
| rápidos (m pl) | prag (n) | [prag] |

barragem (f)	baraj (n)	[ba'raʒ]
canal (m)	canal (n)	[ka'nal]
reservatório (m) de água	bazin (n)	[ba'zin]
eclusa (f)	ecluză (f)	[e'kluzə]
corpo (m) de água	bazin (n)	[ba'zin]
pântano (m)	mlaştină (f)	['mlaʃtinə]

tremedal (m)	mlaştină (f), smârc (n)	['mlaʃtinə], [smɨrk]
remoinho (m)	vârtej (n) de apă	[vir'teʒ de 'apə]
arroio, regato (m)	pârâu (n)	[pɨ'rɨu]
potável	potabil	[po'tabil]
doce (água)	nesărat	[nesə'rat]
gelo (m)	gheaţă (f)	['g'atsə]
congelar-se (vr)	a îngheţa	[a inge'tsa]

130. Nomes de rios

rio Sena (m)	Sena (f)	['sena]
rio Loire (m)	Loara (f)	[lo'ara]
rio Tamisa (m)	Tamisa (f)	[ta'misa]
rio Reno (m)	Rin (m)	[rin]
rio Danúbio (m)	Dunăre (f)	['dunəre]
rio Volga (m)	Volga (f)	['volga]
rio Don (m)	Don (m)	[don]
rio Lena (m)	Lena (f)	['lena]
rio Amarelo (m)	Huang He (m)	[huan 'he]
rio Yangtzé (m)	Yangtze (m)	[jants'zi]
rio Mekong (m)	Mekong (m)	[me'kong]
rio Ganges (m)	Gang (m)	[gang]
rio Nilo (m)	Nil (m)	[nil]
rio Congo (m)	Congo (m)	['kongo]
rio Cubango (m)	Okavango (m)	[oka'vango]
rio Zambeze (m)	Zambezi (m)	[zam'bezi]
rio Limpopo (m)	Limpopo (m)	[limpo'po]
rio Mississípi (m)	Mississippi (m)	[misi'sipi]

131. Floresta

floresta (f), bosque (m)	pădure (f)	[pə'dure]
florestal	de pădure	[de pə'dure]
mata (f) cerrada	desiş (n)	[de'siʃ]
arvoredo (m)	pădurice (f)	[pədu'ritʃe]
clareira (f)	poiană (f)	[po'janə]
matagal (m)	tufiş (n)	[tu'fiʃ]
mato (m)	arbust (m)	[ar'bust]
vereda (f)	cărare (f)	[kə'rare]
ravina (f)	râpă (f)	['rɨpə]
árvore (f)	copac (m)	[ko'pak]
folha (f)	frunză (f)	['frunzə]

folhagem (f)	frunziş (n)	[frun'ziʃ]
queda (f) das folhas	cădere (f) a frunzelor	[kə'dere a 'frunzelor]
cair (vi)	a cădea	[a kə'dʲa]
topo (m)	vârf (n)	[vɨrf]

ramo (m)	ramură (f)	['ramurə]
galho (m)	creangă (f)	['krʲangə]
botão, rebento (m)	mugur (m)	['mugur]
agulha (f)	ac (n)	[ak]
pinha (f)	con (n)	[kon]

buraco (m) de árvore	scorbură (f)	['skorburə]
ninho (m)	cuib (n)	[kujb]
toca (f)	vizuină (f)	[vizu'inə]

tronco (m)	trunchi (n)	[trunkʲ]
raiz (f)	rădăcină (f)	[rədə'tʃinə]
casca (f) de árvore	scoarţă (f)	[sko'artsə]
musgo (m)	muşchi (m)	[muʃkʲ]

arrancar pela raiz	a defrişa	[a defri'ʃa]
cortar (vt)	a tăia	[a tə'ja]
desflorestar (vt)	a doborî	[a dobo'ri]
toco, cepo (m)	buturugă (f)	[butu'rugə]

fogueira (f)	foc (n)	[fok]
incêndio (m) florestal	incendiu (n)	[in'tʃendju]
apagar (vt)	a stinge	[a 'stindʒe]

guarda-florestal (m)	pădurar (m)	[pədu'rar]
proteção (f)	protecţie (f)	[pro'tektsie]
proteger (a natureza)	a ocroti	[a okro'ti]
caçador (m) furtivo	braconier (m)	[brako'njer]
armadilha (f)	capcană (f)	[kap'kanə]

| colher (cogumelos, bagas) | a strânge | [a 'strindʒe] |
| perder-se (vr) | a se rătăci | [a se rətə'tʃi] |

132. Recursos naturais

recursos (m pl) naturais	resurse (f pl) naturale	[re'surse natu'rale]
minerais (m pl)	bogăţii (f pl) minerale	[bogə'tsij mine'rale]
depósitos (m pl)	depozite (n pl)	[de'pozite]
jazida (f)	zăcământ (n)	[zəkə'mɨnt]

extrair (vt)	a extrage	[a eks'tradʒe]
extração (f)	obţinere (f)	[ob'tsinere]
minério (m)	minereu (n)	[mine'reu]
mina (f)	mină (f)	['minə]
poço (m) de mina	puţ (n)	['puts]
mineiro (m)	miner (m)	[mi'ner]

| gás (m) | gaz (n) | [gaz] |
| gasoduto (m) | conductă (f) de gaze | [kon'duktə de 'gaze] |

petróleo (m)	petrol (n)	[pe'trol]
oleoduto (m)	conductă (f) de petrol	[kon'duktə de pe'trol]
poço (m) de petróleo	sondă (f) de țiței (n)	['sondə de tsi'tsej]
torre (f) petrolífera	turlă (f) de foraj	['turlə de fo'raʒ]
petroleiro (m)	tanc (n) petrolier	['tank petro'ljer]
areia (f)	nisip (n)	[ni'sip]
calcário (m)	calcar (n)	[kal'kar]
cascalho (m)	pietriș (n)	[pe'triʃ]
turfa (f)	turbă (f)	['turbə]
argila (f)	argilă (f)	[ar'dʒilə]
carvão (m)	cărbune (m)	[kər'bune]
ferro (m)	fier (m)	[fier]
ouro (m)	aur (n)	['aur]
prata (f)	argint (n)	[ar'dʒint]
níquel (m)	nichel (n)	['nikel]
cobre (m)	cupru (n)	['kupru]
zinco (m)	zinc (n)	[zink]
manganês (m)	mangan (n)	[man'gan]
mercúrio (m)	mercur (n)	[mer'kur]
chumbo (m)	plumb (n)	[plumb]
mineral (m)	mineral (n)	[mine'ral]
cristal (m)	cristal (n)	[kris'tal]
mármore (m)	marmură (f)	['marmurə]
urânio (m)	uraniu (n)	[u'ranju]

A Terra. Parte 2

133. Tempo

tempo (m)	timp (n)	[timp]
previsão (f) do tempo	prognoză (f) meteo	[prog'nozə 'meteo]
temperatura (f)	temperatură (f)	[tempera'turə]
termómetro (m)	termometru (n)	[termo'metru]
barómetro (m)	barometru (n)	[baro'metru]
humidade (f)	umiditate (f)	[umidi'tate]
calor (m)	caniculă (f)	[ka'nikulə]
cálido	fierbinte	[fier'binte]
está muito calor	e foarte cald	[e fo'arte kald]
está calor	e cald	[e kald]
quente	cald	[kald]
está frio	e frig	[e frig]
frio	rece	['retʃe]
sol (m)	soare (n)	[so'are]
brilhar (vi)	a străluci	[a strəlu'tʃi]
de sol, ensolarado	însorit	[inso'rit]
nascer (vi)	a răsări	[a rəsə'ri]
pôr-se (vr)	a apune	[a a'pune]
nuvem (f)	nor (m)	[nor]
nublado	înnorat	[inno'rat]
nuvem (f) preta	nor (m)	[nor]
escuro, cinzento	mohorât	[moho'rit]
chuva (f)	ploaie (f)	[plo'ae]
está a chover	plouă	['plowə]
chuvoso	ploios	[plo'jos]
chuviscar (vi)	a bura	[a bu'ra]
chuva (f) torrencial	ploaie (f) torenţială	[plo'ae toren'tsjalə]
chuvada (f)	rupere (f) de nori	['rupere de 'norʲ]
forte (chuva)	puternic	[pu'ternik]
poça (f)	băltoacă (f)	[bəlto'akə]
molhar-se (vr)	a se uda	[a se u'da]
nevoeiro (m)	ceaţă (f)	['tʃatsə]
de nevoeiro	ceţos	[tʃe'tsos]
neve (f)	zăpadă (f)	[zə'padə]
está a nevar	ninge	['nindʒe]

134. Tempo extremo. Catástrofes naturais

trovoada (f)	furtună (f)	[fur'tunə]
relâmpago (m)	fulger (n)	['fuldʒer]
relampejar (vi)	a fulgera	[a ful'dʒera]
trovão (m)	tunet (n)	['tunet]
trovejar (vi)	a tuna	[a tu'na]
está a trovejar	tună	['tunə]
granizo (m)	grindină (f)	[grɪn'dɪnə]
está a cair granizo	plouă cu gheaţă	['plowə ku 'gʲatsə]
inundar (vt)	a inunda	[a inun'da]
inundação (f)	inundaţie (f)	[inun'datsie]
terremoto (m)	cutremur (n)	[ku'tremur]
abalo, tremor (m)	zguduire (f)	[zgudu'ire]
epicentro (m)	epicentru (m)	[epi'tʃentru]
erupção (f)	erupţie (f)	[e'ruptsie]
lava (f)	lavă (f)	['lavə]
turbilhão (m)	vârtej (n)	[vir'teʒ]
tornado (m)	tornadă (f)	[tor'nadə]
tufão (m)	taifun (n)	[taj'fun]
furacão (m)	uragan (m)	[ura'gan]
tempestade (f)	furtună (f)	[fur'tunə]
tsunami (m)	tsunami (n)	[tsu'nami]
ciclone (m)	ciclon (m)	[tʃi'klon]
mau tempo (m)	vreme (f) rea	['vreme rʲa]
incêndio (m)	incendiu (n)	[in'tʃendju]
catástrofe (f)	catastrofă (f)	[katas'trofə]
meteorito (m)	meteorit (m)	[meteo'rit]
avalanche (f)	avalanşă (f)	[ava'lanʃə]
deslizamento (m) de neve	prăbuşire (f)	[prəbu'ʃire]
nevasca (f)	viscol (n)	['viskol]
tempestade (f) de neve	viscol (n)	['viskol]

Fauna

135. Mamíferos. Predadores

predador (m)	prădător (n)	[prədə'tor]
tigre (m)	tigru (m)	['tigru]
leão (m)	leu (m)	['leu]
lobo (m)	lup (m)	[lup]
raposa (f)	vulpe (f)	['vulpe]
jaguar (m)	jaguar (m)	[ʒagu'ar]
leopardo (m)	leopard (m)	[leo'pard]
chita (f)	ghepard (m)	[ge'pard]
pantera (f)	panteră (f)	[pan'terə]
puma (m)	pumă (f)	['pumə]
leopardo-das-neves (m)	ghepard (m)	[ge'pard]
lince (m)	râs (m)	[ris]
coiote (m)	coiot (m)	[ko'jot]
chacal (m)	şacal (m)	[ʃa'kal]
hiena (f)	hienă (f)	[hi'enə]

136. Animais selvagens

animal (m)	animal (n)	[ani'mal]
besta (f)	animal (n) sălbatic	[ani'mal səl'batik]
esquilo (m)	veveriţă (f)	[veve'ritsə]
ouriço (m)	arici (m)	[a'ritʃi]
lebre (f)	iepure (m)	['jepure]
coelho (m)	iepure (m) de casă	['jepure de 'kasə]
texugo (m)	bursuc (m)	[bur'suk]
guaxinim (m)	enot (m)	[e'not]
hamster (m)	hârciog (m)	[hir'tʃiog]
marmota (f)	marmotă (f)	[mar'motə]
toupeira (f)	cârtiţă (f)	['kirtitsə]
rato (m)	şoarece (m)	[ʃo'aretʃe]
ratazana (f)	şobolan (m)	[ʃobo'lan]
morcego (m)	liliac (m)	[lili'ak]
arminho (m)	hermină (f)	[her'minə]
zibelina (f)	samur (m)	[sa'mur]
marta (f)	jder (m)	[ʒder]
doninha (f)	nevăstuică (f)	[nevəs'tujkə]
vison (m)	nurcă (f)	['nurkə]

castor (m)	castor (m)	['kastor]
lontra (f)	vidră (f)	['vidrə]
cavalo (m)	cal (m)	[kal]
alce (m)	elan (m)	[e'lan]
veado (m)	cerb (m)	[tʃerb]
camelo (m)	cămilă (f)	[kə'milə]
bisão (m)	bizon (m)	[bi'zon]
auroque (m)	zimbru (m)	['zimbru]
búfalo (m)	bivol (m)	['bivol]
zebra (f)	zebră (f)	['zebrə]
antílope (m)	antilopă (f)	[anti'lopə]
corça (f)	căprioară (f)	[kəprio'arə]
gamo (m)	ciută (f)	['tʃiutə]
camurça (f)	capră (f) neagră	['kaprə 'nʲagrə]
javali (m)	mistreț (m)	[mis'trets]
baleia (f)	balenă (f)	[ba'lenə]
foca (f)	focă (f)	['fokə]
morsa (f)	morsă (f)	['morsə]
urso-marinho (m)	urs (m) de mare	[urs de 'mare]
golfinho (m)	delfin (m)	[del'fin]
urso (m)	urs (m)	[urs]
urso (m) branco	urs (m) polar	[urs po'lar]
panda (m)	panda (m)	['panda]
macaco (em geral)	maimuță (f)	[maj'mutsə]
chimpanzé (m)	cimpanzeu (m)	[tʃimpan'zeu]
orangotango (m)	urangutan (m)	[urangu'tan]
gorila (m)	gorilă (f)	[go'rilə]
macaco (m)	macac (m)	[ma'kak]
gibão (m)	gibon (m)	[dʒi'bon]
elefante (m)	elefant (m)	[ele'fant]
rinoceronte (m)	rinocer (m)	[rino'tʃer]
girafa (f)	girafă (f)	[dʒi'rafə]
hipopótamo (m)	hipopotam (m)	[hipopo'tam]
canguru (m)	cangur (m)	['kangur]
coala (m)	koala (f)	[ko'ala]
mangusto (m)	mangustă (f)	[man'gustə]
chinchila (f)	șinșilă (f)	[ʃin'ʃilə]
doninha-fedorenta (f)	sconcs (m)	[skonks]
porco-espinho (m)	porc (m) spinos	[pork spi'nos]

137. Animais domésticos

gata (f)	pisică (f)	[pi'sikə]
gato (m) macho	motan (m)	[mo'tan]
cavalo (m)	cal (m)	[kal]

garanhão (m)	armăsar (m)	[armə'sar]
égua (f)	iapă (f)	['japə]
vaca (f)	vacă (f)	['vakə]
touro (m)	taur (m)	['taur]
boi (m)	bou (m)	['bou]
ovelha (f)	oaie (f)	[o'ae]
carneiro (m)	berbec (m)	[ber'bek]
cabra (f)	capră (f)	['kaprə]
bode (m)	țap (m)	[tsap]
burro (m)	măgar (m)	[mə'gar]
mula (f)	catâr (m)	[ka'tir]
porco (m)	porc (m)	[pork]
leitão (m)	purcel (m)	[pur'tʃel]
coelho (m)	iepure (m) de casă	['jepure de 'kasə]
galinha (f)	găină (f)	[gə'inə]
galo (m)	cocoș (m)	[ko'koʃ]
pata (f)	rață (f)	['ratsə]
pato (macho)	rățoi (m)	[rə'tsoj]
ganso (m)	gâscă (f)	['giskə]
peru (m)	curcan (m)	[kur'kan]
perua (f)	curcă (f)	['kurkə]
animais (m pl) domésticos	animale (n pl) domestice	[ani'male do'mestitʃe]
domesticado	domestic	[do'mestik]
domesticar (vt)	a domestici	[a domesti'tʃi]
criar (vt)	a crește	[a 'kreʃte]
quinta (f)	fermă (f)	['fermə]
aves (f pl) domésticas	păsări (f pl) de curte	[pəsərʲ de 'kurte]
gado (m)	vite (f pl)	['vite]
rebanho (m), manada (f)	turmă (f)	['turmə]
estábulo (m)	grajd (n)	[graʒd]
pocilga (f)	cocină (f) de porci	[ko'tʃinə de 'portʃi]
estábulo (m)	grajd (n) pentru vaci	['graʒd 'pentru 'vatʃi]
coelheira (f)	cușcă (f) pentru iepuri	['kuʃkə 'pentru 'epurʲ]
galinheiro (m)	coteț (n) de găini	[ko'tets de gə'inʲ]

138. Pássaros

pássaro (m), ave (f)	pasăre (f)	['pasəre]
pombo (m)	porumbel (m)	[porum'bel]
pardal (m)	vrabie (f)	['vrabie]
chapim-real (m)	pițigoi (m)	[pitsi'goj]
pega-rabuda (f)	coțofană (f)	[kotso'fanə]
corvo (m)	corb (m)	[korb]
gralha (f) cinzenta	cioară (f)	[tʃio'arə]

gralha-de-nuca-cinzenta (f)	stancă (f)	['stankə]
gralha-calva (f)	cioară (f) de câmp	[ʧio'arə de 'kɨmp]
pato (m)	rață (f)	['ratsə]
ganso (m)	gâscă (f)	['gɨskə]
faisão (m)	fazan (m)	[fa'zan]
águia (f)	acvilă (f)	['akvilə]
açor (m)	uliu (m)	['ulju]
falcão (m)	şoim (m)	[ʃojm]
abutre (m)	vultur (m)	['vultur]
condor (m)	condor (m)	[kon'dor]
cisne (m)	lebădă (f)	['lebədə]
grou (m)	cocor (m)	[ko'kor]
cegonha (f)	cocostârc (m)	[kokos'tɨrk]
papagaio (m)	papagal (m)	[papa'gal]
beija-flor (m)	pasărea (f) colibri	['pasərʲa ko'libri]
pavão (m)	păun (m)	[pə'un]
avestruz (m)	struț (m)	[struts]
garça (f)	stârc (m)	[stɨrk]
flamingo (m)	flamingo (m)	[fla'mingo]
pelicano (m)	pelican (m)	[peli'kan]
rouxinol (m)	privighetoare (f)	[privigeto'are]
andorinha (f)	rândunică (f)	[rɨndu'nikə]
tordo-zornal (m)	mierlă (f)	['merlə]
tordo-músico (m)	sturz-cântător (m)	[sturz kɨntə'tor]
melro-preto (m)	mierlă (f) sură	['merlə 'surə]
andorinhão (m)	lăstun (m)	[ləs'tun]
cotovia (f)	ciocârlie (f)	[ʧiokɨr'lie]
codorna (f)	prepeliță (f)	[prepe'litsə]
pica-pau (m)	ciocănitoare (f)	[ʧiokənito'are]
cuco (m)	cuc (m)	[kuk]
coruja (f)	bufniță (f)	['bufnitsə]
corujão, bufo (m)	buha mare (f)	['buhə 'mare]
tetraz-grande (m)	cocoş (m) de munte	[ko'koʃ de 'munte]
tetraz-lira (m)	cocoş (m) sălbatic	[ko'koʃ səlba'tik]
perdiz-cinzenta (f)	potârniche (f)	[potɨr'nike]
estorninho (m)	graur (m)	['graur]
canário (m)	canar (m)	[ka'nar]
galinha-do-mato (f)	găinuşă de alun (f)	[gəi'nuʃə de a'lun]
tentilhão (m)	cinteză (f)	[ʧin'tezə]
dom-fafe (m)	botgros (m)	[bot'gros]
gaivota (f)	pescăruş (m)	[peskə'ruʃ]
albatroz (m)	albatros (m)	[alba'tros]
pinguim (m)	pinguin (m)	[pigu'in]

139. Peixes. Animais marinhos

brema (f)	plătică (f)	[plə'tikə]
carpa (f)	crap (m)	[krap]
perca (f)	biban (m)	[bi'ban]
siluro (m)	somn (m)	[somn]
lúcio (m)	ştiucă (f)	['ʃtjukə]
salmão (m)	somon (m)	[so'mon]
esturjão (m)	nisetru (m)	[ni'setru]
arenque (m)	scrumbie (f)	[skrum'bie]
salmão (m)	somon (m)	[so'mon]
cavala, sarda (f)	macrou (n)	[ma'krou]
solha (f)	cambulă (f)	[kam'bulə]
lúcio perca (m)	şalău (m)	[ʃa'ləu]
bacalhau (m)	batog (m)	[ba'tog]
atum (m)	ton (m)	[ton]
truta (f)	păstrăv (m)	[pəs'trəv]
enguia (f)	ţipar (m)	[tsi'par]
raia elétrica (f)	peşte-torpilă (m)	['peʃte tor'pilə]
moreia (f)	murenă (f)	[mu'renə]
piranha (f)	piranha (f)	[pi'ranija]
tubarão (m)	rechin (m)	[re'kin]
golfinho (m)	delfin (m)	[del'fin]
baleia (f)	balenă (f)	[ba'lenə]
caranguejo (m)	crab (m)	[krab]
medusa, alforreca (f)	meduză (f)	[me'duzə]
polvo (m)	caracatiţă (f)	[kara'katitsə]
estrela-do-mar (f)	stea de mare (f)	[stʲa de 'mare]
ouriço-do-mar (m)	arici de mare (m)	[a'ritʃi de 'mare]
cavalo-marinho (m)	căluţ (m) de mare (f)	[ka'luts de 'mare]
ostra (f)	stridie (f)	['stridie]
camarão (m)	crevetă (f)	[kre'vetə]
lavagante (m)	stacoj (m)	[sta'koʒ]
lagosta (f)	langustă (f)	[lan'gustə]

140. Amfíbios. Répteis

serpente, cobra (f)	şarpe (m)	['ʃarpe]
venenoso	veninos	[veni'nos]
víbora (f)	viperă (f)	['viperə]
cobra-capelo, naja (f)	cobră (f)	['kobrə]
pitão (m)	piton (m)	[pi'ton]
jiboia (f)	şarpe (m) boa	['ʃarpe bo'a]
cobra-de-água (f)	şarpe (m) de casă	['ʃarpe de 'kasə]

cascavel (f)	şarpe (m) cu clopoţei	[ˈʃarpe ku klopoˈtsej]
anaconda (f)	anacondă (f)	[anaˈkondə]
lagarto (m)	şopârlă (f)	[ʃoˈpɨrlə]
iguana (f)	iguană (f)	[iguˈanə]
varano (m)	şopârlă (f)	[ʃoˈpɨrlə]
salamandra (f)	salamandră (f)	[salaˈmandrə]
camaleão (m)	cameleon (m)	[kameleˈon]
escorpião (m)	scorpion (m)	[skorpiˈon]
tartaruga (f)	broască (f) ţestoasă	[broˈaskə tsestoˈasə]
rã (f)	broască (f)	[broˈaskə]
sapo (m)	broască (f) râioasă	[broˈaskə rijoˈasə]
crocodilo (m)	crocodil (m)	[krokoˈdil]

141. Insetos

inseto (m)	insectă (f)	[inˈsektə]
borboleta (f)	fluture (m)	[ˈfluture]
formiga (f)	furnică (f)	[furˈnikə]
mosca (f)	muscă (f)	[ˈmuskə]
mosquito (m)	ţânţar (m)	[tsinˈtsar]
escaravelho (m)	gândac (m)	[ginˈdak]
vespa (f)	viespe (f)	[ˈvespe]
abelha (f)	albină (f)	[alˈbinə]
mamangava (f)	bondar (m)	[bonˈdar]
moscardo (m)	tăun (m)	[təˈun]
aranha (f)	păianjen (m)	[pəˈjanʒen]
teia (f) de aranha	pânză (f) de păianjen	[ˈpinzə de pəˈjanʒen]
libélula (f)	libelulă (f)	[libeˈlulə]
gafanhoto-do-campo (m)	greier (m)	[ˈgreer]
traça (f)	fluture (m)	[ˈfluture]
barata (f)	gândac (m)	[ginˈdak]
carraça (f)	căpuşă (f)	[kəˈpuʃə]
pulga (f)	purice (m)	[ˈpuritʃe]
borrachudo (m)	musculiţă (f)	[muskuˈlitsə]
gafanhoto (m)	lăcustă (f)	[ləˈkustə]
caracol (m)	melc (m)	[melk]
grilo (m)	greier (m)	[ˈgreer]
pirilampo (m)	licurici (m)	[likuˈritʃi]
joaninha (f)	buburuză (f)	[bubuˈruzə]
besouro (m)	cărăbuş (m)	[kərəˈbuʃ]
sanguessuga (f)	lipitoare (f)	[lipitoˈare]
lagarta (f)	omidă (f)	[oˈmidə]
minhoca (f)	vierme (m)	[ˈverme]
larva (f)	larvă (f)	[ˈlarvə]

Flora

142. Árvores

árvore (f)	copac (m)	[ko'pak]
decídua	foios	[fo'jos]
conífera	conifer	[koni'fere]
perene	veşnic verde	['veʃnik 'verde]
macieira (f)	măr (m)	[mər]
pereira (f)	păr (m)	[pər]
cerejeira (f)	cireş (m)	[tʃi'reʃ]
ginjeira (f)	vişin (m)	['viʃin]
ameixeira (f)	prun (m)	[prun]
bétula (f)	mesteacăn (m)	[mes'tʲakən]
carvalho (m)	stejar (m)	[ste'ʒar]
tília (f)	tei (m)	[tej]
choupo-tremedor (m)	plop tremurător (m)	['plop tremurə'tor]
bordo (m)	arţar (m)	[ar'tsar]
espruce-europeu (m)	brad (m)	[brad]
pinheiro (m)	pin (m)	[pin]
alerce, lariço (m)	zadă (f)	['zadə]
abeto (m)	brad (m) alb	['brad 'alb]
cedro (m)	cedru (m)	['tʃedru]
choupo, álamo (m)	plop (m)	[plop]
tramazeira (f)	sorb (m)	[sorb]
salgueiro (m)	salcie (f)	['saltʃie]
amieiro (m)	arin (m)	[a'rin]
faia (f)	fag (m)	[fag]
ulmeiro (m)	ulm (m)	[ulm]
freixo (m)	frasin (m)	['frasin]
castanheiro (m)	castan (m)	[kas'tan]
magnólia (f)	magnolie (f)	[mag'nolie]
palmeira (f)	palmier (m)	[palmi'er]
cipreste (m)	chiparos (m)	[kipa'ros]
mangue (m)	manglier (m)	[mangli'jer]
embondeiro, baobá (m)	baobab (m)	[bao'bab]
eucalipto (m)	eucalipt (m)	[euka'lipt]
sequoia (f)	secvoia (m)	[sek'voja]

143. Arbustos

arbusto (m)	tufă (f)	['tufə]
arbusto (m), moita (f)	arbust (m)	[ar'bust]

videira (f)	viță (f) de vie	['vitsə de 'vie]
vinhedo (m)	vie (f)	['vie]
framboeseira (f)	zmeură (f)	['zmeurə]
groselheira-vermelha (f)	coacăz (m) roșu	[ko'akəz 'roʃu]
groselheira (f) espinhosa	agriș (m)	[a'griʃ]
acácia (f)	salcâm (m)	[sal'kɨm]
bérberis (f)	lemn (m) galben	['lemn 'galben]
jasmim (m)	iasomie (f)	[jaso'mie]
junípero (m)	ienupăr (m)	[je'nupər]
roseira (f)	tufă (f) de trandafir	['tufə de tranda'fir]
roseira (f) brava	măceș (m)	[mə'tʃeʃ]

144. Frutos. Bagas

maçã (f)	măr (n)	[mər]
pera (f)	pară (f)	['parə]
ameixa (f)	prună (f)	['prunə]
morango (m)	căpșună (f)	[kəp'ʃunə]
ginja (f)	vișină (f)	['viʃinə]
cereja (f)	cireașă (f)	[tʃi'rʲaʃə]
uva (f)	struguri (m pl)	['strugurʲ]
framboesa (f)	zmeură (f)	['zmeurə]
groselha (f) preta	coacăză (f) neagră	[ko'akəzə 'nʲagrə]
groselha (f) vermelha	coacăză (f) roșie	[ko'akəzə 'roʃie]
groselha (f) espinhosa	agrișă (f)	[a'griʃə]
oxicoco (m)	răchițele (f pl)	[rəki'tsele]
laranja (f)	portocală (f)	[porto'kalə]
tangerina (f)	mandarină (f)	[manda'rinə]
ananás (m)	ananas (m)	[ana'nas]
banana (f)	banană (f)	[ba'nanə]
tâmara (f)	curmală (f)	[kur'malə]
limão (m)	lămâie (f)	[lə'mie]
damasco (m)	caisă (f)	[ka'isə]
pêssego (m)	piersică (f)	['pjersikə]
kiwi (m)	kiwi (n)	['kivi]
toranja (f)	grepfrut (n)	['grepfrut]
baga (f)	boabă (f)	[bo'abə]
bagas (f pl)	fructe (n pl) de pădure	['frukte de pə'dure]
arando (m) vermelho	merișor (m)	[meri'ʃor]
morango-silvestre (m)	frag (m)	[frag]
mirtilo (m)	afină (f)	[a'finə]

145. Flores. Plantas

flor (f)	floare (f)	[flo'are]
ramo (m) de flores	buchet (n)	[bu'ket]

rosa (f)	trandafir (m)	[tranda'fir]
tulipa (f)	lalea (f)	[la'lʲa]
cravo (m)	garoafă (f)	[garo'afə]
gladíolo (m)	gladiolă (f)	[gladi'olə]
centáurea (f)	albăstrea (f)	[albəs'trʲa]
campânula (f)	clopoțel (m)	[klopo'tsel]
dente-de-leão (m)	păpădie (f)	[pəpə'die]
camomila (f)	romaniță (f)	[roma'nitsə]
aloé (m)	aloe (f)	[a'loe]
cato (m)	cactus (m)	['kaktus]
fícus (m)	ficus (m)	['fikus]
lírio (m)	crin (m)	[krin]
gerânio (m)	mușcată (f)	[muʃ'katə]
jacinto (m)	zambilă (f)	[zam'bilə]
mimosa (f)	mimoză (f)	[mi'mozə]
narciso (m)	narcisă (f)	[nar'tʃisə]
capuchinha (f)	condurul-doamnei (m)	[kon'durul do'amnej]
orquídea (f)	orhidee (f)	[orhi'dee]
peónia (f)	bujor (m)	[bu'ʒor]
violeta (f)	toporaș (m)	[topo'raʃ]
amor-perfeito (m)	pansele (f)	[pan'sele]
não-me-esqueças (m)	nu-mă-uita (f)	[nu mə uj'ta]
margarida (f)	margaretă (f)	[marga'retə]
papoula (f)	mac (m)	[mak]
cânhamo (m)	cânepă (f)	['kinepə]
hortelã (f)	mentă (f)	['mentə]
lírio-do-vale (m)	lăcrămioară (f)	[ləkrəmjo'arə]
campânula-branca (f)	ghiocel (m)	[gio'tʃel]
urtiga (f)	urzică (f)	[ur'zikə]
azeda (f)	măcriș (m)	[mə'kriʃ]
nenúfar (m)	nufăr (m)	['nufər]
feto (m), samambaia (f)	ferigă (f)	['ferigə]
líquen (m)	lichen (m)	[li'ken]
estufa (f)	seră (f)	['serə]
relvado (m)	gazon (n)	[ga'zon]
canteiro (m) de flores	strat (n) de flori	[strat de 'florʲ]
planta (f)	plantă (f)	['plantə]
erva (f)	iarbă (f)	['jarbə]
folha (f) de erva	fir (n) de iarbă	[fir de 'jarbə]
folha (f)	frunză (f)	['frunzə]
pétala (f)	petală (f)	[pe'talə]
talo (m)	tulpină (f)	[tul'pinə]
tubérculo (m)	tubercul (m)	[tu'berkul]
broto, rebento (m)	mugur (m)	['mugur]

espinho (m)	ghimpe (m)	['gimpe]
florescer (vi)	a înflori	[a inflo'ri]
murchar (vi)	a se ofili	[a se ofe'li]
cheiro (m)	miros (n)	[mi'ros]
cortar (flores)	a tăia	[a tə'ja]
colher (uma flor)	a rupe	[a 'rupe]

146. Cereais, grãos

grão (m)	grăunţe (n pl)	[grə'untse]
cereais (plantas)	cereale (f pl)	[tʃere'ale]
espiga (f)	spic (n)	[spik]
trigo (m)	grâu (n)	['griu]
centeio (m)	secară (f)	[se'karə]
aveia (f)	ovăz (n)	[ovəz]
milho-miúdo (m)	mei (m)	[mej]
cevada (f)	orz (n)	[orz]
milho (m)	porumb (m)	[po'rumb]
arroz (m)	orez (n)	[o'rez]
trigo-sarraceno (m)	hrişcă (f)	['hriʃkə]
ervilha (f)	mazăre (f)	['mazəre]
feijão (m)	fasole (f)	[fa'sole]
soja (f)	soia (f)	['soja]
lentilha (f)	linte (n)	['linte]
fava (f)	boabe (f pl)	[bo'abe]

PAÍSES. NACIONALIDADES

147. Europa Ocidental

Europa (f)	Europa (f)	[eu'ropa]
União (f) Europeia	Uniunea (f) Europeană	[uni'unʲa euro'pʲanə]
Áustria (f)	Austria (f)	[a'ustrija]
Grã-Bretanha (f)	Marea Britanie (f)	['marʲa bri'tanie]
Inglaterra (f)	Anglia (f)	['anglija]
Bélgica (f)	Belgia (f)	['beldʒia]
Alemanha (f)	Germania (f)	[dʒer'manija]
Países (m pl) Baixos	Țările de Jos (f pl)	['tsərile de ʒos]
Holanda (f)	Olanda (f)	[o'landa]
Grécia (f)	Grecia (f)	['gretʃia]
Dinamarca (f)	Danemarca (f)	[dane'marka]
Irlanda (f)	Irlanda (f)	[ir'landa]
Islândia (f)	Islanda (f)	[is'landa]
Espanha (f)	Spania (f)	['spania]
Itália (f)	Italia (f)	[i'talia]
Chipre (m)	Cipru (n)	['tʃipru]
Malta (f)	Malta (f)	['malta]
Noruega (f)	Norvegia (f)	[nor'vedʒia]
Portugal (m)	Portugalia (f)	[portu'galia]
Finlândia (f)	Finlanda (f)	[fin'landa]
França (f)	Franța (f)	['frantsa]
Suécia (f)	Suedia (f)	[su'edia]
Suíça (f)	Elveția (f)	[el'vetsia]
Escócia (f)	Scoția (f)	['skotsia]
Vaticano (m)	Vatican (m)	[vati'kan]
Liechtenstein (m)	Liechtenstein (m)	[lihten'ʃtajn]
Luxemburgo (m)	Luxemburg (m)	[luksem'burg]
Mónaco (m)	Monaco (m)	[mo'nako]

148. Europa Central e de Leste

Albânia (f)	Albania (f)	[al'banija]
Bulgária (f)	Bulgaria (f)	[bul'garia]
Hungria (f)	Ungaria (f)	[un'garia]
Letónia (f)	Letonia (f)	[le'tonia]
Lituânia (f)	Lituania (f)	[litu'ania]
Polónia (f)	Polonia (f)	[po'lonia]

Roménia (f)	**România** (f)	[rominia]
Sérvia (f)	**Serbia** (f)	['serbija]
Eslováquia (f)	**Slovacia** (f)	[slo'vatʃia]
Croácia (f)	**Croaţia** (f)	[kro'atsia]
República (f) Checa	**Cehia** (f)	['tʃehija]
Estónia (f)	**Estonia** (f)	[es'tonia]
Bósnia e Herzegovina (f)	**Bosnia şi Herţegovina** (f)	['bosnia ʃi hertsego'vina]
Macedónia (f)	**Macedonia** (f)	[matʃe'donia]
Eslovénia (f)	**Slovenia** (f)	[slo'venia]
Montenegro (m)	**Muntenegru** (m)	[munte'negru]

149. Países da ex-URSS

Azerbaijão (m)	**Azerbaidjan** (m)	[azerbaj'dʒan]
Arménia (f)	**Armenia** (f)	[ar'menia]
Bielorrússia (f)	**Belarus** (f)	[bela'rus]
Geórgia (f)	**Georgia** (f)	['dʒordʒia]
Cazaquistão (m)	**Kazahstan** (n)	[kazah'stan]
Quirguistão (m)	**Kîrgîzstan** (m)	[kirgiz'stan]
Moldávia (f)	**Moldova** (f)	[mol'dova]
Rússia (f)	**Rusia** (f)	['rusia]
Ucrânia (f)	**Ucraina** (f)	[ukra'ina]
Tajiquistão (m)	**Tadjikistan** (m)	[tadʒiki'stan]
Turquemenistão (m)	**Turkmenistan** (n)	[turkmeni'stan]
Uzbequistão (f)	**Uzbekistan** (n)	[uzbeki'stan]

150. Asia

Ásia (f)	**Asia** (f)	['asia]
Vietname (m)	**Vietnam** (n)	[viet'nam]
Índia (f)	**India** (f)	['india]
Israel (m)	**Israel** (n)	[isra'el]
China (f)	**China** (f)	['kina]
Líbano (m)	**Liban** (n)	[li'ban]
Mongólia (f)	**Mongolia** (f)	[mon'golia]
Malásia (f)	**Malaezia** (f)	[mala'ezia]
Paquistão (m)	**Pakistan** (n)	[paki'stan]
Arábia (f) Saudita	**Arabia** (f) **Saudită**	[a'rabia sau'ditə]
Tailândia (f)	**Thailanda** (f)	[taj'landa]
Taiwan (m)	**Taiwan** (m)	[taj'van]
Turquia (f)	**Turcia** (f)	['turtʃia]
Japão (m)	**Japonia** (f)	[ʒa'ponia]
Afeganistão (m)	**Afganistan** (n)	[afganis'tan]
Bangladesh (m)	**Bangladeş** (m)	[bangla'deʃ]

Indonésia (f)	Indonezia (f)	[indo'nezia]
Jordânia (f)	Iordania (f)	[jor'dania]
Iraque (m)	Irak (n)	[i'rak]
Irão (m)	Iran (n)	[i'ran]
Camboja (f)	Cambodgia (f)	[kam'bodʒia]
Kuwait (m)	Kuweit (n)	[kuve'it]
Laos (m)	Laos (n)	['laos]
Myanmar (m), Birmânia (f)	Myanmar (m)	[mjan'mar]
Nepal (m)	Nepal (n)	[ne'pal]
Emirados Árabes Unidos	Emiratele (n pl) Arabe Unite	[emi'ratele a'rabe u'nite]
Síria (f)	Siria (f)	['sirija]
Palestina (f)	Palestina (f)	[pales'tina]
Coreia do Sul (f)	Coreea (f) de Sud	[ko'rea de 'sud]
Coreia do Norte (f)	Coreea (f) de Nord	[ko'rea de 'nord]

151. América do Norte

Estados Unidos da América	Statele (n pl) Unite ale Americii	['statele u'nite 'ale a'meritʃij]
Canadá (m)	Canada (f)	[ka'nada]
México (m)	Mexic (n)	['meksik]

152. América Central do Sul

Argentina (f)	Argentina (f)	[arʒen'tina]
Brasil (m)	Brazilia (f)	[bra'zilia]
Colômbia (f)	Columbia (f)	[ko'lumbia]
Cuba (f)	Cuba (f)	['kuba]
Chile (m)	Chile (n)	['tʃile]
Bolívia (f)	Bolivia (f)	[bo'livia]
Venezuela (f)	Venezuela (f)	[venezu'ela]
Paraguai (m)	Paraguay (n)	[paragu'aj]
Peru (m)	Peru (n)	['peru]
Suriname (m)	Surinam (n)	[suri'nam]
Uruguai (m)	Uruguay (n)	[urugu'aj]
Equador (m)	Ecuador (m)	[ekua'dor]
Bahamas (f pl)	Insulele (f pl) Bahamas	['insulele ba'hamas]
Haiti (m)	Haiti (n)	[ha'iti]
República (f) Dominicana	Republica (f) Dominicană	[re'publika domini'kane]
Panamá (m)	Panama (f)	[pana'ma]
Jamaica (f)	Jamaica (f)	[ʒa'majka]

153. Africa

Egito (m)	**Egipt** (n)	[e'dʒipt]
Marrocos	**Maroc** (n)	[ma'rok]
Tunísia (f)	**Tunisia** (f)	[tu'nisia]
Gana (f)	**Ghana** (f)	['gana]
Zanzibar (m)	**Zanzibar** (n)	[zanzi'bar]
Quénia (f)	**Kenia** (f)	['kenia]
Líbia (f)	**Libia** (f)	['libia]
Madagáscar (m)	**Madagascar** (n)	[madagas'kar]
Namíbia (f)	**Namibia** (f)	[na'mibia]
Senegal (m)	**Senegal** (n)	[sene'gal]
Tanzânia (f)	**Tanzania** (f)	[tan'zania]
África do Sul (f)	**Africa de Sud** (f)	['afrika de sud]

154. Austrália. Oceania

Austrália (f)	**Australia** (f)	[au'stralia]
Nova Zelândia (f)	**Noua Zeelandă** (f)	['nowa zee'landə]
Tasmânia (f)	**Tasmania** (f)	[tas'mania]
Polinésia Francesa (f)	**Polinezia** (f)	[poli'nezia]

155. Cidades

Amesterdão	**Amsterdam** (n)	['amsterdam]
Ancara	**Ankara** (f)	[an'kara]
Atenas	**Atena** (f)	[a'tena]
Bagdade	**Bagdad** (n)	[bag'dad]
Banguecoque	**Bangkok** (m)	[ba'nkok]
Barcelona	**Barcelona** (f)	[barse'lona]
Beirute	**Beirut** (n)	[bej'rut]
Berlim	**Berlin** (n)	[ber'lin]
Bombaim	**Bombay** (n)	[bom'bej]
Bona	**Bonn** (n)	[bon]
Bordéus	**Bordeaux** (n)	[bor'do]
Bratislava	**Bratislava** (f)	[bratislava]
Bruxelas	**Bruxelles** (n)	[bruk'sel]
Bucareste	**Bucureşti** (n)	[buku'reʃtʲ]
Budapeste	**Budapesta** (f)	[buda'pesta]
Cairo	**Cairo** (n)	[ka'iro]
Calcutá	**Calcutta** (f)	[kal'kuta]
Chicago	**Chicago** (n)	[tʃi'kago]
Cidade do México	**Mexico City** (n)	['meksiko 'siti]
Copenhaga	**Copenhaga** (f)	[kopen'haga]
Dar es Salaam	**Dar es Salaam** (n)	[dar es sala'am]

Deli	Delhi, New Delhi (m)	['deli], [nju 'deli]
Dubai	Dubai (n)	[du'baj]
Dublin, Dublim	Dublin (n)	[dub'lin]
Düsseldorf	Düsseldorf (m)	[djusel'dorf]
Estocolmo	Stockholm (m)	['stokholm]
Florença	Florenţa (f)	[flo'rentsa]
Frankfurt	Frankfurt (m)	['frankfurt]
Genebra	Geneva (f)	[dʒe'neva]
Haia	Haga (f)	['haga]
Hamburgo	Hamburg (n)	['hamburg]
Hanói	Hanoi (n)	[ha'noj]
Havana	Havana (f)	[ha'vana]
Helsínquia	Helsinki (n)	['helsinki]
Hiroshima	Hiroşima (f)	[hiro'ʃima]
Hong Kong	Hong-Kong (n)	['hong 'kong]
Istambul	Istanbul (n)	[istan'bul]
Jerusalém	Ierusalim (n)	[jerusa'lim]
Kiev	Kiev (n)	[ki'ev]
Kuala Lumpur	Kuala Lumpur (m)	[ku'ala lum'pur]
Lisboa	Lisabona (f)	[lisa'bona]
Londres	Londra (f)	['londra]
Los Angeles	Los Angeles (n)	['los 'andʒeles]
Lion	Lyon (m)	[li'on]
Madrid	Madrid (n)	[ma'drid]
Marselha	Marsilia (f)	[mar'silia]
Miami	Miami (n)	[ma'jami]
Montreal	Montreal (m)	[monre'al]
Moscovo	Moscova (f)	['moskova]
Munique	Munchen (m)	['mʲunhen]
Nairóbi	Nairobi (n)	[naj'robi]
Nápoles	Napoli (m)	['napoli]
Nice	Nisa (f)	['nisa]
Nova York	New York (n)	[nju 'jork]
Oslo	Oslo (n)	['oslo]
Ottawa	Ottawa (f)	[ot'tava]
Paris	Paris (n)	[pa'ris]
Pequim	Beijing (n)	[bej'ʒing]
Praga	Praga (f)	['praga]
Rio de Janeiro	Rio de Janeiro (n)	['rio de ʒa'nejro]
Roma	Roma (f)	['roma]
São Petersburgo	Sankt Petersburg (n)	['sankt peters'burg]
Seul	Seul (n)	[se'ul]
Singapura	Singapore (n)	[singa'pore]
Sydney	Sydney (m)	['sidnej]
Taipé	Taipei (m)	[taj'pej]
Tóquio	Tokio (n)	['tokio]
Toronto	Toronto (n)	[to'ronto]
Varsóvia	Varşovia (f)	[var'ʃovia]

Veneza	**Veneția** (f)	[ve'netsia]
Viena	**Viena** (f)	[vi'ena]
Washington	**Washington** (n)	['waʃington]
Xangai	**Shanghai** (m)	[ʃan'haj]

www.ingramcontent.com/pod-product-compliance
Lightning Source LLC
Chambersburg PA
CBHW070605050426
42450CB00011B/2993